もっとラクうま！

晩ごはん食堂

週末まとめ買いから
平日5日間のラクチン献立

はじめに

YouTubeチャンネル「晩ごはん食堂」で動画の投稿を始めて約3年、
この度レシピ本第3弾を出版させていただくことになりました。

今回のテーマは"もっとラクうま"！
いつもは一汁三菜の献立をメインに動画の投稿をしていますが、
「よりラクに作れるものがいい」「品数多く作るのは大変」
といったコメントもたくさんいただきます。
私自身もできるだけラクにすませたいですし、
時間がない日や、やる気が出ない日も……。
最近の動画では、そんな日でも作りやすいメニューで
構成することも多くなりました。
「簡単にできて家族も喜んでくれた」「品数が少なくても満足できた」
といったお声をいただき、ラクに作れるけど、手抜きには見えない
ちゃんと作った感のあるレシピが求められているのを感じました。
（私自身もまさにそう……！）

そこで本書では
　　・簡単だけど、バラエティに富んでいる
　　・手を抜きつつも、手抜きに見えない
　　・品数を減らしてもバランス良く
そんなラクうま献立のレシピで構成しました。
メイン＋1品だけの2品献立、レンジを活用した副菜、
缶詰などすぐに食べられるお助け食材を使ったおかずなど、
簡単、時短に作れるアイデアを詰め込んでいます。
今回も「お買い物リスト」と「まとめ買いしたときの保存方法」付き。
お買い物は週1回、週2回、どちらでも活用できるようになっています。

料理は毎日のことだからこそ、
少し手を抜いても気持ちを楽に続けられることが大切。
ぜひ晩ごはんに悩む方にお試しいただけると嬉しいです。

晩ごはん食堂

CONTENTS

4

CONTENTS

- *Fourth week* -
4週目

少ない品数で大満足！
ボリューム
たっぷりの
2品献立

本書の使い方

本書では、それぞれの週のはじめに「献立」「今週の使用調味料」
「今週のお買い物リスト」「まとめ買いしたときの保存方法」を
掲載しています。使い方は、ここをチェックしてください。

献立

今週の献立はここをチェック。1週間の間で飽きないよう、
肉と魚をバランスよく入れるように心がけています。

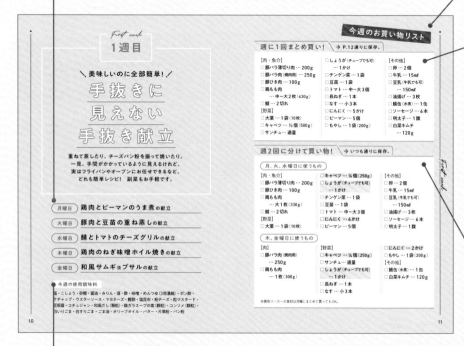

今週のお買い物リスト

週に1回まとめ買い！ → P.12通りに保存。

[肉・魚介]
- 豚バラ薄切り肉 … 200g
- 豚バラ肉(焼肉用) … 250g
- 豚ひき肉 … 100g
- 鶏もも肉
  … 中～大2枚(630g)
- 鯖 … 2切れ

[野菜]
- 大葉 … 1袋(10枚)
- キャベツ … ½個(500g)
- サンチュ … 適量

- しょうが(チューブでも可)
  … 1かけ
- チンゲン菜 … 1袋
- 豆苗 … 1袋
- トマト … 中～大3個
- 長ねぎ … 1本
- なす … 小3本
- にんにく … 5かけ
- ピーマン … 5個
- もやし … 1袋(200g)

[その他]
- 卵 … 2個
- 牛乳 … 15㎖
- 豆乳(牛乳でも可)
  … 150㎖
- 油揚げ … 3枚
- 鯖缶(水煮) … 1缶
- ソーセージ … 6本
- 明太子 … 1腹
- 白菜キムチ … 120g

週2回に分けて買い物！ いつも通りに保存。

月、火、水曜日に使うもの

[肉・魚介]
- 豚バラ薄切り肉 … 200g
- 豚ひき肉 … 100g
- 鶏もも肉
  … 大1枚(330g)
- 鯖 … 2切れ

[野菜]
- 大葉 … 1袋(10枚)

- キャベツ … ¼個(250g)
- しょうが(チューブでも可)
  … 1かけ
- チンゲン菜 … 1袋
- 豆苗 … 1袋
- トマト … 中～大3個
- にんにく … 4かけ
- ピーマン … 5個

[その他]
- 卵 … 2個
- 牛乳 … 15㎖
- 豆乳(牛乳でも可)
  … 150㎖
- 油揚げ … 3枚
- ソーセージ … 6本
- 明太子 … 1腹

木、金曜日に使うもの

[肉]
- 豚バラ肉(焼肉用)
  … 250g
- 鶏もも肉
  … 1枚(300g)

[野菜]
- キャベツ … ¼個(250g)
- サンチュ … 適量
- しょうが(チューブでも可)
  … 1かけ
- 長ねぎ … 1本
- なす … 小3本

- にんにく … 2かけ
- もやし … 1袋(200g)

[その他]
- 鯖缶(水煮) … 1缶
- 白菜キムチ … 120g

※黄色マーカーの食材は月曜にまとめて買ってもOK。

1週目 (First week)

＼美味しいのに全部簡単！／

手抜きに
見えない
手抜き献立

重ねて蒸したり、チーズパン粉を振って焼いたり。
一見、手間がかかっているように見えるけれど、
実はフライパンやオーブンにお任せできるなど、
どれも簡単レシピ！ 副菜もお手軽です。

月曜日　鶏肉とピーマンのうま煮 の献立
火曜日　豚肉と豆苗の重ね蒸し の献立
水曜日　鯖とトマトのチーズグリル の献立
木曜日　鶏肉のねぎ味噌ホイル焼き の献立
金曜日　和風サムギョプサル の献立

● 今週の使用調味料

塩・こしょう・砂糖・醤油・みりん・酒・酢・味噌・めんつゆ(3倍濃縮)・ポン酢・
ケチャップ・ウスターソース・マヨネーズ・鶏ガラスープの素(顆粒)・コンソメ(顆粒)・
豆板醤・コチュジャン・和風だし(顆粒)・鶏ガラスープの素(顆粒)・コンソメ(顆粒)・
白いりごま・白すりごま・ごま油・オリーブオイル・バター・片栗粉・パン粉

10　11

今週の使用調味料

調味料はいつもご家庭にあるような一般的なものを中心に使
用しています。買い物の前にここもチェックして、足りない
ものがある場合は食材と一緒に買い足してください。

料理を作る前に

- ●材料の表記は、大さじ1=15㎖(15cc)、小さじ1=5㎖(5cc)です。
- ●火加減は特に記載のない場合は中火になります。
- ●野菜は特に記載のない場合は中サイズになります。
- ●油は特に記載のない場合はお好みのものをご使用ください。
- ●「野菜を洗う」「皮をむく」「ヘタを取る」「石づきを取る」などの基本的な下ごしらえは一部省略しております。

- ●レシピには目安となる分量や調理時間を記載していますが、食材や調理器具によって差がありますので、様子を見ながら加減してください。
- ●電子レンジの加熱時間は600Wのものを使用した場合の目安です。500Wの場合は、1.2倍を目安に様子を見ながら加熱時間を加減してください。
- ●保存のために冷凍した食材は、特に記載がない場合は解凍して使用してください。肉、魚は使う日の朝に冷蔵室やチルド室に移して解凍、野菜などはレンジ解凍がおすすめです。

ご紹介している献立は、食材を週末にまとめ買いし、1週間で使いきりできるようになっています。さらに、本書では「買い物は週2回に分けたい」「肉や魚を冷凍保存するのが手間」という方にも対応できるよう、週2回の買い物にも対応したお買い物リストを掲載しました。ご自身のライフスタイルに合わせてご活用ください。

週に1回まとめ買い！

1 週末にお買い物リストの食材をすべてまとめ買いします。

2 次ページに掲載している
「まとめ買いしたときの保存方法」通りに保存してください。

肉、魚介の保存方法

月曜使用分以外は冷凍保存します。使う日の朝に冷蔵室かチルド室に移して解凍してください。

野菜、その他の保存方法

鮮度が落ちないように処理をしてから、野菜室や冷蔵室などで保存します。

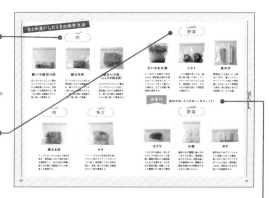

野菜などを多めに購入した場合は「おまけ」を参考に冷凍保存しても。冷凍した場合は食感の変化などで使い道が限られる場合がありますので、記載の調理法での使用をおすすめします。

おまけ

週2回に分けて買い物！

1 月曜日に月、火、水の3日分の食材を、木曜日に木、金の2日分の食材を購入します。

※黄色マーカーの食材は週の前半、後半の両方で使用するため、月曜日にまとめて購入してもOK。

2 通常通りに冷蔵、常温保存をしてください。冷凍保存をする必要はありません。

ただし、肉、魚介の使用日が賞味期限を越える場合や、野菜などを多めに購入した場合は保存方法のページを参考に冷蔵、冷凍保存してください。

1週目

\ 美味しいのに全部簡単! /

手抜きに
見えない
手抜き献立

重ねて蒸したり、チーズパン粉を振って焼いたり。
一見、手間がかかっているように見えるけれど、
実はフライパンやオーブンにお任せできるなど、
どれも簡単レシピ! 副菜もお手軽です。

月曜日	**鶏肉とピーマンのうま煮** の献立
火曜日	**豚肉と豆苗の重ね蒸し** の献立
水曜日	**鯖とトマトのチーズグリル** の献立
木曜日	**鶏肉のねぎ味噌ホイル焼き** の献立
金曜日	**和風サムギョプサル** の献立

今週の使用調味料

塩・こしょう・砂糖・醤油・みりん・酒・酢・味噌・めんつゆ（3倍濃縮）・ポン酢・
ケチャップ・ウスターソース・マヨネーズ・鰹節・塩昆布・粉チーズ・粒マスタード・
豆板醤・コチュジャン・和風だし（顆粒）・鶏ガラスープの素（顆粒）・コンソメ（顆粒）・
白いりごま・白すりごま・ごま油・オリーブオイル・バター・片栗粉・パン粉

週に1回まとめ買い！ → P.12通りに保存。

【肉・魚介】
- □ 豚バラ薄切り肉 … 200g
- □ 豚バラ肉（焼肉用）… 250g
- □ 豚ひき肉 … 100g
- □ 鶏もも肉 … 中～大2枚（630g）
- □ 鯖 … 2切れ

【野菜】
- □ 大葉 … 1袋（10枚）
- □ キャベツ … ½個（500g）
- □ サンチュ … 適量

- □ しょうが（チューブでも可）… 1かけ
- □ チンゲン菜 … 1袋
- □ 豆苗 … 1袋
- □ トマト … 中～大3個
- □ 長ねぎ … 1本
- □ なす … 小3本
- □ にんにく … 5かけ
- □ ピーマン … 5個
- □ もやし … 1袋（200g）

【その他】
- □ 卵 … 2個
- □ 牛乳 … 15㎖
- □ 豆乳（牛乳でも可）… 150㎖
- □ 油揚げ … 3枚
- □ 鯖缶（水煮）… 1缶
- □ ソーセージ … 6本
- □ 明太子 … 1腹
- □ 白菜キムチ … 120g

週2回に分けて買い物！ → いつも通りに保存。

月、火、水曜日に使うもの

【肉・魚介】
- □ 豚バラ薄切り肉 … 200g
- □ 豚ひき肉 … 100g
- □ 鶏もも肉 … 大1枚（330g）
- □ 鯖 … 2切れ

【野菜】
- □ 大葉 … 1袋（10枚）

- □ キャベツ … ¼個（250g）
- □ しょうが（チューブでも可）… 1かけ
- □ チンゲン菜 … 1袋
- □ 豆苗 … 1袋
- □ トマト … 中～大3個
- □ にんにく … 4かけ
- □ ピーマン … 5個

【その他】
- □ 卵 … 2個
- □ 牛乳 … 15㎖
- □ 豆乳（牛乳でも可）… 150㎖
- □ 油揚げ … 3枚
- □ ソーセージ … 6本
- □ 明太子 … 1腹

木、金曜日に使うもの

【肉】
- □ 豚バラ肉（焼肉用）… 250g
- □ 鶏もも肉 … 1枚（300g）

【野菜】
- □ キャベツ … ¼個（250g）
- □ サンチュ … 適量
- □ しょうが（チューブでも可）… 1かけ
- □ 長ねぎ … 1本
- □ なす … 小3本

- □ にんにく … 2かけ
- □ もやし … 1袋（200g）

【その他】
- □ 鯖缶（水煮）… 1缶
- □ 白菜キムチ … 120g

※黄色マーカーの食材は月曜にまとめて買ってもOK。

まとめ買いしたときの保存方法

肉

豚バラ薄切り肉

肉を少しずらすようにして重ね、ラップでぴったりと包む。保存袋に入れて空気を抜き、冷凍する。使う日の朝に冷蔵室かチルド室に移して解凍する。

豚バラ肉（焼肉用）

豚薄切り肉と同様に肉を少しずらすようにして重ね、ラップでぴったりと包む。保存袋に入れて空気を抜き、冷凍。使う日の朝に冷蔵室かチルド室に移して解凍。

豚ひき肉

できるだけ空気を抜くようにラップでぴったり包んで保存袋に入れ、空気を抜いて閉じ、冷凍する。使う日の朝に冷蔵室かチルド室に移して解凍する。

肉

鶏もも肉

火曜以降に使用する1枚（300g）をラップでぴったり包み、保存袋に入れて空気を抜く。冷凍保存して、使う日の朝に冷蔵室かチルド室に移して解凍する。

魚介

鯖

臭みを除くため、ペーパータオルで水気を拭き取り、1切れずつラップでぴったりと包む。保存袋に入れて空気を抜き、冷凍。使う日の朝に冷蔵室で解凍する。

野菜 *vegetables*

大葉

水で濡らして軽く絞ったペーパータオルにのせて全体を包み、保存袋に入れて野菜室へ。乾燥しないように水分を補うことで鮮度が長持ちする。

サンチュ

1枚ずつ軽く洗ってから水気を切り、濡らして固く絞ったキッチンペーパーで包んで保存袋に入れるとシャキッと感が持続する。野菜室で保存。

豆苗

火曜日に使う際、すべての根を切り落として、水曜使用分は保存容器に入れる。かぶるくらいの水を入れて浸しておくと、鮮度がキープできる。野菜室で保存。

野菜 *vegetables*

トマト

ヘタ部分に雑菌が多いため、先にヘタをすべて取って洗うとよい。1つずつラップでぴったりと包んでから、保存袋に入れて空気を抜く。野菜室で保存する。

もやし

買ってきたらすぐ、1袋すべてを保存容器に入れ、かぶるくらいの水を注いで浸しておく。野菜室で保存する。1日1回水を取り替えるとより長持ちする。

その他 *others*

鯖缶(水煮)

木曜日に缶を開けたら、金曜使用分は保存容器に入れ、冷蔵保存する。調理で缶汁を使う場合は汁ごと、缶汁を使わない場合は汁を切って保存する。

1週目

（月曜日）

「鶏肉とピーマンのうま煮」
の献立

15

（月曜日）のレシピ

鶏肉とピーマンの うま煮

材料 | 2人分

ピーマン … 3個
鶏もも肉 … 大1枚（330g）
塩、こしょう … 各少々
片栗粉 … 大さじ1
A | 酒 … 大さじ3
　 | みりん … 大さじ3
　 | 水 … 大さじ3
　 | 醤油 … 大さじ2
　 | 砂糖 … 小さじ1
油 … 小さじ1

作り方

1 ピーマンは大きめの乱切りにする。鶏肉は一口大に切って塩、こしょうを振り、両面に片栗粉をまぶす。Aは混ぜ合わせておく。

2 フライパンに油を熱し、鶏肉を皮目から入れて焼く。焼き色がついたら裏返し、ピーマンも加えて焼き色がつくまで焼く。

3 弱火にしてAを加え、軽く混ぜる。蓋をして約5分煮る。

チンゲン菜の 塩にんにく炒め

材料 | 2人分

チンゲン菜 … 大1株（180g）
にんにく … 1かけ
ごま油 … 小さじ1
鶏ガラスープの素（顆粒）… 小さじ1
塩、こしょう … 各少々

memo ─────────

にんにくはチューブでもOK。その場合は3で加えてください。

作り方

1 チンゲン菜は2cm幅、にんにくは薄切りにする。

2 フライパンにごま油、にんにくを入れて弱火にかける。香りが立ってきたらチンゲン菜を加え、中火で1〜2分炒める。

3 鶏ガラスープの素、塩、こしょうを加えて混ぜ、火を止める。

トマトの
明太シーザーサラダ

First week

材料 | 2人分

トマト … 2個
大葉 … 5枚
A | 明太子 … ½腹
　 | マヨネーズ … 大さじ1
　 | 牛乳 … 大さじ1
　 | 粉チーズ … 小さじ2
　 | 酢 … 小さじ1

作り方

1　トマトは1cm厚さのくし形切りにする。大葉は千切りにする。明太子は薄皮を除き、残りのAと混ぜ合わせておく。

2　器にトマトを盛り、Aを回しかけて大葉をのせる。

キャベツの
コールスロー風スープ

材料 | 2人分

キャベツ … 2枚(100g)
ソーセージ … 2本
水 … 400㎖
A | 粒マスタード … 小さじ2
　 | 酢 … 小さじ1
　 | コンソメ（顆粒）… 小さじ1
　 | 塩 … ひとつまみ

作り方

1　キャベツ、ソーセージは細切りにする。

2　鍋に水を入れて火にかけ、沸いたらキャベツを加え、蓋をして、しんなりするまで煮る。

3　ソーセージ、Aを加えて混ぜ合わせ、ひと煮立ちしたら火を止める。

1週目

（火曜日）

「豚肉と豆苗の重ね蒸し」
の献立

火曜日 のレシピ

豚肉と豆苗の重ね蒸し

材料 | 2人分

豆苗 … ¾袋
豚バラ薄切り肉 … 200g
A | ポン酢 … 大さじ2
　| 醤油 … 小さじ2
　| ごま油 … 小さじ1と½
　| 砂糖 … 小さじ1
　| 白いりごま … 小さじ1
和風だし（顆粒）… 小さじ1
塩 … ふたつまみ

memo

フライパンに敷き詰めたら、あとは蒸すだけで完成の重ね蒸し。フライパンごと食卓に出しても。

作り方

1　豆苗は根を落として3cm長さに切る。豚肉は食べやすい大きさに切る。Aは混ぜ合わせておく。

2　フライパンに豆苗の半量を広げ、和風だしを小さじ½振る。その上に豚肉の半量を広げて並べ、塩をひとつまみ振る。残りの半量も豆苗、和風だし、豚肉、塩の順に重ねる。鍋肌から水大さじ2（分量外）を加えて蓋をし、弱火で約10分蒸し焼きにする。

3　器に盛り、Aを全体にかける。

キャベツと茹で卵のごま酢じょうゆ和え

材料 | 2人分

キャベツ … 3枚（150g）
卵 … 2個
A | 醤油 … 大さじ1
　| 白すりごま … 大さじ1
　| 砂糖 … 小さじ2
　| 酢 … 小さじ2
　| ごま油 … 小さじ1
　| にんにく（チューブまたはすりおろし）
　| 　… 小さじ½

作り方

1　キャベツは2cm角のざく切りにして耐熱容器に入れる。ラップをふんわりとかけて電子レンジで1分30秒加熱する。卵は熱湯で10分茹でて殻をむき、1.5cm角に切る。

2　キャベツの水気を軽く切り、Aを加えて混ぜ合わせる。茹で卵も加えてざっくり和える。

油揚げの明太ガーリック焼き

材料 ┊ 2人分

油揚げ … 2枚
明太子 … ½腹
にんにく（チューブまたはすりおろし）
　… 小さじ½
バター… 10g

作り方

1　油揚げは長さを3等分に切る。明太子は薄皮を除き、にんにくと混ぜ合わせる。バターは6等分に切る。

2　油揚げに1の明太子を塗ってバターをのせ、オーブントースターで約3分焼く。

チンゲン菜のタンタンスープ

材料 ┊ 2人分

チンゲン菜 … 1株
豚ひき肉 … 100g
A ┊ 醤油 … 小さじ1
　　豆板醤 … 小さじ1
　　にんにく（チューブまたはすりおろし）
　　　… 小さじ½
　　しょうが（チューブまたはすりおろし）
　　　… 小さじ½
　　砂糖 … 小さじ½
B ┊ 水 … 250mℓ
　　豆乳（または牛乳）… 150mℓ
　　白すりごま … 大さじ2
　　味噌 … 大さじ1
　　めんつゆ（3倍濃縮）… 小さじ1と½
　　砂糖 … 小さじ1
　　鶏ガラスープの素（顆粒）… 小さじ1
　　塩 … 少々

作り方

1　チンゲン菜は縦半分に切り、5cm幅に切る。

2　鍋にひき肉、Aを入れて混ぜる。弱火にかけ、ひき肉を焼き付けるようにして炒める。

3　ひき肉の色が変わったら、B、チンゲン菜を加え、約5分煮る。

memo

ひき肉を炒めるときは、あまり触らず、焦げない程度に焼き付けると、ゴロッとかたまり感が出て美味しく仕上がります。

First week

水曜日

「鯖とトマトの
チーズグリル」
の献立

First meal

23

鯖とトマトのチーズグリル

鯖 … 2切れ
酒 … 大さじ1
トマト … 大1個
A | 大葉 … 5枚
  | にんにく … 1かけ
  | パン粉 … 大さじ2
  | 粉チーズ … 大さじ1
塩、こしょう … 各少々
オリーブオイル … 大さじ2

memo ―――――――・

トースターでも同様に作れます。加熱
時間は約10~12分。トースターの場
合は表面だけ焼けてしまうこともある
ので、低めの温度にし、焦げそうな場
合はアルミホイルをかぶせて焼いてく
ださい。

作り方

1　鯖は耐熱皿のサイズに合わせて大きければ切
り、全体に酒を振って5分おき、熱湯を回し
かけて臭みを抜く。トマトは7mm厚さの輪
切りにする。Aの大葉、にんにくはみじん切
りにして、残りのAと混ぜ合わせておく。

2　耐熱皿に鯖を並べて両面に塩、こしょうを振
り、間にトマトを並べる。Aを全体に広げ
てのせ、オリーブオイルを回しかける。

3　180℃のオーブンで約25分焼く。

ピーマンとソーセージの
ナポリタン炒め

材料 | 2人分

ピーマン … 2個
ソーセージ … 4本
油 … 少々
A | ケチャップ … 小さじ4
　 | ウスターソース … 小さじ2/3
　 | 砂糖 … 小さじ1/2
　 | 塩 … ひとつまみ
　 | こしょう … 少々

作り方

1　ピーマンは細切り、ソーセージは斜め薄切りにする。

2　フライパンに油を熱し、ピーマン、ソーセージを炒める。弱火にしてAを加えて混ぜる。

豆苗と揚げの
洋風スープ

材料 | 2人分

豆苗 … 1/4袋
油揚げ … 1枚
水 … 350mℓ
A | 醤油 … 小さじ1
　 | コンソメ（顆粒）… 小さじ1
　 | 塩 … ひとつまみ
　 | こしょう … 少々

作り方

1　豆苗は根を落として3cm長さに切る。油揚げは短冊切りにする。

2　鍋に水を入れて火にかけ、沸いたら1を加えてひと煮立ちさせる。Aを加えて混ぜる。

木曜日

「鶏肉のねぎ味噌 ホイル焼き」 の献立

1週目

（金曜日）

「和風サムギョプサル」
の献立

（金曜日）のレシピ

和風サムギョプサル

もやしのキムチ和えは木曜日（P.29）の作り置きを使用

材料 ┊ 2人分

豚バラ肉（焼肉用）… 250g
塩、こしょう … 各少々
A ┊ 醤油 … 大さじ1
　　みりん … 大さじ1
　　酒 … 大さじ1
　　コチュジャン … 小さじ2
　　砂糖 … 小さじ1と½
　　しょうが（チューブまたはすりおろし）
　　　… 小さじ½
　　にんにく（チューブまたはすりおろし）
　　　… 小さじ½
油 … 少々
サンチュ（またはグリーンリーフレタス）
　… 適量
もやしのキムチ和え
　（木曜日の作り置き・P.29）… 全量

作り方

1　豚肉は一口大に切り、塩、こしょうを振る。Aは混ぜ合わせておく。

2　フライパンに油を熱し、豚肉を炒める。肉の色が変わったら弱火にし、Aを加えて水分をとばしながら炒め、全体に絡んだら火を止める。

3　器に盛り、サンチュ、もやしのキムチ和えを添える。

memo ————————————

豚肉は切らずに焼いて、切りながら食べてもOK。もやしのキムチ和えとともに、サンチュで巻いていただきます。

キャベツとなすの塩昆布和え

材料 ┊ 2人分

キャベツ … 2枚（100g）
なす … 小1本（100g）
塩 … 小さじ½
塩昆布 … ふたつまみ

作り方

1 キャベツは3cm角のざく切り、なすは薄い輪切りにする。それぞれボウルに入れ、塩を小さじ¼ずつ加えて揉み込む。

2 しんなりしてきたら水気を絞って合わせ、塩昆布を加えて和える。

鯖とねぎのごま汁

材料 ┊ 2人分

鯖缶（水煮）… ½缶
長ねぎ … ⅓本
水 … 400㎖
和風だし（顆粒）… 小さじ½
白すりごま … 大さじ2
味噌 … 大さじ1と½
ごま油 … 少々

作り方

1 鯖缶は缶汁を切ってほぐす。ねぎは斜め薄切りにする。

2 鍋に水を入れて火にかけ、沸いたら、和風だし、1を入れてひと煮立ちさせる。

3 火を止めてすりごまを加え、味噌を溶き入れてひと混ぜする。器に盛り、ごま油を回しかける。

2週目

\\.いつもの食材で新しい味!./

定番食材で
新定番レシピ

どの季節でも手に入りやすい定番食材を活用する週。
いつもの食材ではあるけれど、香味野菜を使ったり、
香辛料を組み合わせたりして、新鮮な味わいに。
ご飯に合うしっかり味でスタミナをつけたいときにも。

月曜日	なすとミートソースの ラザニア風 の献立
火曜日	鶏肉のBBQ焼き の献立
水曜日	じゃがいものボロネーゼ炒め の献立
木曜日	韓国風甘辛ブリ大根 の献立
金曜日	豚肉となすのカレーガパオライス の献立

今週の使用調味料

塩・こしょう・砂糖・醤油・みりん・酒・酢・味噌・ポン酢・ケチャップ・
ウスターソース・マヨネーズ・オイスターソース・カレー粉・鰹節・粉チーズ・
粒マスタード・ナンプラー・豆板醤・コチュジャン・パセリ（乾燥）・
鶏ガラスープの素（顆粒）・コンソメ（顆粒）・白いりごま・黒いりごま・白すりごま・
白ねりごま・ごま油・オリーブオイル・バター・片栗粉

週に1回まとめ買い！ → P.36通りに保存。

【肉・魚介】
- ☐ 合いびき肉 … 300g
- ☐ 豚肩ロース肉（ブロック） … 250g
- ☐ 豚ひき肉 … 100g
- ☐ 鶏もも肉 … 大1枚（350g）
- ☐ ブリ … 2切れ

【野菜】
- ☐ 大葉 … 1袋（10枚）
- ☐ じゃがいも … 6個（850g）
- ☐ しょうが … 4かけ

- ☐ 大根 … ½本（500g）
- ☐ 玉ねぎ … 2個（400g）
- ☐ 玉ねぎ（または紫玉ねぎ） … 1個（200g）
- ☐ なす … 小5本（500g）
- ☐ にんじん … 小1本（150g）
- ☐ にんにく … 6かけ
- ☐ ほうれん草 … 1袋（200g）
- ☐ レタス … 1個

【その他】
- ☐ 温泉卵 … 1個
- ☐ 卵 … 2個
- ☐ ピザ用チーズ … 70g
- ☐ 木綿豆腐 … 1丁
- ☐ カットトマト缶 … 1缶（400g）
- ☐ ツナ缶（油漬け） … 2缶
- ☐ ベーコン（厚切り） … 30g
- ☐ バゲット … 18cm

週2回に分けて買い物！ → いつも通りに保存。

月、火、水曜日に使うもの

【肉】
- ☐ 合いびき肉 … 300g
- ☐ 鶏もも肉 … 大1枚（350g）

【野菜】
- ☐ じゃがいも … 3個（450g）

- ☐ しょうが … 2かけ
- ☐ 玉ねぎ … 2個（400g）
- ☐ なす … 小2本
- ☐ にんじん … 小1本（150g）
- ☐ にんにく … 4かけ
- ☐ ほうれん草 … 1袋（200g）
- ☐ レタス … 1個

【その他】
- ☐ 温泉卵 … 1個
- ☐ ピザ用チーズ … 70g
- ☐ カットトマト缶 … 1缶（400g）
- ☐ ツナ缶（油漬け） … 2缶
- ☐ ベーコン（厚切り） … 30g
- ☐ バゲット … 18cm

木、金曜日に使うもの

【肉・魚介】
- ☐ 豚肩ロース肉（ブロック） … 250g
- ☐ 豚ひき肉 … 100g
- ☐ ブリ … 2切れ

【野菜】
- ☐ 大葉 … 1袋（10枚）
- ☐ じゃがいも … 3個（400g）
- ☐ しょうが … 3かけ
- ☐ 大根 … ½本（500g）

- ☐ 玉ねぎ（または紫玉ねぎ） … 1個（200g）
- ☐ なす … 小3本（300g）
- ☐ にんにく … 2かけ

【その他】
- ☐ 卵 … 2個
- ☐ 木綿豆腐 … 1丁

※黄色マーカーの食材は月曜にまとめて買ってもOK。

meat
肉

豚肩ロース肉
（ブロック）

ラップでぴったりと包んで保存袋に入れる。空気を抜き、冷凍保存する。使う日の朝に冷蔵室かチルド室に移して解凍する。

豚ひき肉

ラップでぴったりと包んで保存袋に入れて冷凍。ひき肉は空気に触れる面が多いのでしっかり空気を抜く。使う日の朝に冷蔵室かチルド室に移して解凍する。

鶏もも肉

ラップでぴったりと包んでから保存袋に入れる。できるだけ空気を抜いて口を閉じ、冷凍保存する。使う日の朝に冷蔵室かチルド室に移して解凍する。

seafood
魚介

vegetables
野菜

others
その他

ブリ

ペーパータオルで水気を拭き取ってからラップでぴったりと包む。保存袋に入れ、空気を抜いて冷凍保存する。使う日の朝に冷蔵室かチルド室に移して解凍する。

大葉

大葉は乾燥に弱いので、水気を補って保存するのがよい。ペーパータオルを水で濡らして軽く絞り、大葉を包む。保存袋に入れ、野菜室で保存する。

木綿豆腐

木曜日に使用する際に、金曜日使用分の⅓丁を保存する。パックのままではなく、保存容器に入れてかぶるくらいの水を加え、蓋をして冷蔵保存。

おまけ

食材が余ったときはここをチェック！

野菜 *vegetables*

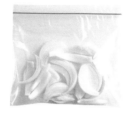

しょうが

皮つきのまま保存容器に入れ、かぶるくらいの水を注いで浸す。または、千切りやすりおろしにしてラップで包み、保存袋に入れて冷凍保存も可。

玉ねぎ

使うときの切り方（薄切りや、くし形切りがおすすめ）にして保存袋に広げて入れ、冷凍保存する。汁ものや煮物などに凍ったまま加えると便利。

なす

なすも冷凍保存OK。輪切りなど使いやすいサイズに切って保存袋になるべく重ならないようにして広げて入れる。煮物、汁ものなどに使うのがおすすめ。

野菜 *vegetables*

その他 *others*

にんにく

1かけずつ分け、皮付きのまま保存袋に入れて冷凍保存。使う際は常温で解凍する。みじん切りやすりおろしにしてラップで包み、保存袋に入れて冷凍しても。

ピザ用チーズ

保存袋になるべく重ならないように広げて入れ、冷凍する。冷え固まったら袋の上から軽くほぐしておくと、使いたい分だけ取り出すことができて便利。

ベーコン（厚切り）

1週間以内に使う場合はラップでぴったり包んで保存袋に入れ、冷蔵で保存する。すぐに使わない場合は同様にして冷凍保存し、冷蔵室で解凍してから使用する。

「なすとミートソースの
ラザニア風」
の献立

なすとミートソースのラザニア風

ミートソースは水曜日の「じゃがいものボロネーゼ炒め」の作り置き分を含む

材料 2人分＋作り置き分

玉ねぎ … 1個（200g）
にんにく … 1かけ
しょうが … 1かけ
なす … 小2本
オリーブオイル … 小さじ2
合いびき肉 … 300g
塩 … 少々
酒 … 大さじ2
A ┃ カットトマト缶 … 1缶（400g）
 ┃ 醤油 … 大さじ1と½
 ┃ 砂糖 … 大さじ1
 ┃ ケチャップ … 大さじ1
 ┃ ウスターソース … 大さじ1
 ┃ 塩 … ひとつまみ
ピザ用チーズ … 40g
パセリ（乾燥）… 適宜

memo

にんにく、しょうがはチューブを使用しても
OK。その場合はAと一緒に加えてください。

作り方

1 玉ねぎ、にんにく、しょうがはみじん切りに
する。なすは縦に薄切りにし、耐熱皿に広げ
てふんわりとラップをかけ、電子レンジで2
分30秒加熱する。

2 フライパンにオリーブオイルを熱し、玉ねぎ、
にんにく、しょうがを弱火で炒める。しんな
りしたらひき肉、塩を加えて中火で炒める。
肉の色が変わってきたら酒を加えて約1分炒
める。

3 Aを加えて混ぜ合わせ、弱火で約10分煮る。
½量は水曜日の作り置き用に取り分ける。
※取り分けた分は保存容器に入れて冷蔵保存しておく。

4 18×18cm程度の大きさの耐熱皿になすを広
げて並べ、上に3のミートソースを広げる。
なす→ミートソースをさらに2回ずつ重ね、
ピザ用チーズを広げる。オーブントースター
で約5分、チーズに軽く焼き色がつくまで焼
き、好みでパセリを振る。

じゃがいものシャキシャキ
ごまポンサラダ

材料 | 2人分

じゃがいも … 1個（150g）

A 醤油 … 小さじ1
　ポン酢 … 小さじ1
　ごま油 … 小さじ1
　砂糖 … 小さじ½
　塩 … 少々
　白いりごま … 少々

作り方

1 じゃがいもは千切りにして耐熱容器に入れ、ふんわりとラップをかけ、電子レンジで1分30秒加熱する。Aは混ぜ合わせておく。

2 加熱後、流水で軽く洗って表面のぬめりを取り、水気をしっかり切る。Aを加えて和える。

にんじんとツナの
ラペ風スープ

材料 | 2人分

にんじん … 小⅓本（50g）
ツナ缶（油漬け） … 1缶
水 … 400mℓ

A 砂糖 … 小さじ1
　酢 … 小さじ1
　粒マスタード … 小さじ1
　コンソメ（顆粒） … 小さじ1
　塩 … ふたつまみ
　オリーブオイル … 少々

作り方

1 にんじんは細切りにする。ツナ缶は油を切る。

2 鍋に水を入れて火にかけ、沸いたらにんじんを入れ、蓋をして弱火で約5分煮る。

3 にんじんが柔らかくなったらツナ、Aを加えてひと煮立ちさせ、火を止める。

火曜日

「鶏肉のBBQ焼き」
の献立

鶏肉のBBQ焼き

材料 ┆ 2人分

鶏もも肉 … 大1枚（350g）
塩、こしょう … 各少々
酒 … 小さじ2
A｜酒 … 大さじ1
　｜ケチャップ … 大さじ1
　｜醤油 … 小さじ1
　｜砂糖 … 小さじ1
　｜ウスターソース … 小さじ1
　｜にんにく（チューブまたはすりおろし）
　｜　… 小さじ½
　｜しょうが（チューブまたはすりおろし）
　｜　… 小さじ½
油 … 少々
レタス … 適宜

作り方

1　鶏肉は一口大に切り、塩、こしょう、酒を揉み込んで10分おく。Aは混ぜ合わせておく。

2　フライパンに油を熱し、鶏肉を皮目から焼く。焼き色がついたら裏返し、弱火にして蓋をし、約5分蒸し焼きにする。

3　Aを加えて混ぜながら炒め、汁気がとんで全体に絡んだら火を止める。器に盛り、好みでレタスを添える。

memo ─────────────── ・

キャベツやにんじん、ピーマンなどを一緒に炒めても相性◎です。

にんじんの
和風かつおサラダ

材料 ┆ 2人分

にんじん … 小⅔本（100g）
A｜醤油 … 小さじ1と½
　｜砂糖 … 小さじ1
　｜酢 … 小さじ1
　｜ごま油 … 小さじ1
鰹節 … 1パック（2g）

作り方

1　にんじんは千切りにする。

2　ボウルにAを混ぜ合わせ、にんじん、鰹節を入れて和える。

memo ─────────────── ・

生のにんじんが苦手な場合は、電子レンジで約1分加熱すると食べやすくなります。

ほうれん草の
ピリ辛ツナマヨ

材料 | 2人分

ほうれん草 … 1袋（200g）
ツナ缶（油漬け）… 1缶
A | マヨネーズ … 大さじ2
  | 醤油 … 小さじ ½
  | ごま油 … 小さじ ½
  | 豆板醤 … 小さじ ⅓ 〜
  | 塩、こしょう … 各少々

memo ─────────────

ほうれん草は茹でてもOK。レンジで
も加熱後に水洗いすればアク抜きでき
るので、時短したいときはレンジがお
すすめです。

作り方

1　ほうれん草は茎と葉に切り分ける。耐熱容器
　に茎を入れてふんわりとラップをかけ、電子
　レンジで1分加熱する。葉も加えてふたたび
　ラップをかけ、さらに1分30秒加熱する。
　流水で2〜3回水を替えて洗い、水気をしっ
　かり絞って3cm長さに切る。ツナ缶は油を
　切る。

2　ボウルにほうれん草、ツナ、Aを入れて和える。

レタスのにんにく味噌汁

材料 | 2人分

レタス … 3枚
水 … 350mℓ
にんにく（チューブまたはすりおろし）
　… 小さじ1
鶏ガラスープの素（顆粒）… 小さじ1
味噌 … 大さじ1と ½

作り方

1　レタスはざく切りにする。

2　鍋に水を入れて火にかけ、沸いたらレタス、
　にんにく、鶏ガラスープの素を入れてひと煮
　立ちさせる。火を止め、味噌を溶き入れる。

2週目

（水曜日）

「じゃがいもの
ボロネーゼ炒め」
の献立

（水曜日）のレシピ

じゃがいもの
ボロネーゼ炒め

ミートソースは月曜日（P.40）の作り置き分を使用

材料 ｜ 2人分

じゃがいも … 2個（300g）
オリーブオイル … 小さじ2
塩、こしょう … 各少々
ミートソース（月曜日の作り置き・P40）
　… 全量
粉チーズ … 適量
パセリ（乾燥）… 適量

memo ————————————————•

春先は新じゃがで作るのもおすすめです。

作り方

1　じゃがいもはよく洗って芽があれば除き、皮ごと一口大に切る。耐熱容器に入れてふんわりとラップをかけ、電子レンジで4分30秒加熱する。

2　フライパンにオリーブオイルを熱してじゃがいもを入れ、塩、こしょうを振って全体に焼き色がつくまで焼く。

3　ミートソースを加え、ざっくり混ぜながら1〜2分炒める。器に盛り、粉チーズ、パセリを振る。

焼きレタスのサラダ

材料 ｜ 2人分

レタス … ½個
ベーコン（厚切り）… 30g
A｜ 砂糖 … 小さじ1
　｜ 酢 … 小さじ1
　｜ 粒マスタード … 小さじ1
　｜ 塩 … ひとつまみ
　｜ こしょう … 少々
　｜ オリーブオイル … 小さじ2
オリーブオイル … 少々
温泉卵 … 1個

作り方

1　レタスは芯をつけたまま縦半分に切る。ベーコンは拍子木切りにする。Aは混ぜ合わせておく。

2　フライパンにオリーブオイルを熱し、ベーコンを焼く。焼き色がついたら取り出し、同じフライパンでレタスの断面を両面焼く。

3　レタスを器に盛り、ベーコンを散らす。温泉卵を添え、Aを回しかける。

オニオングラタンスープ

材料 | **2人分**

玉ねぎ … 1個（200g）
バゲット … 1.5cm厚さ×2枚
にんにく（チューブまたは
　すりおろし）… 小さじ½
水 … 大さじ2
オリーブオイル … 小さじ1
バター… 10g
A | 水 … 400mℓ
　　コンソメ（顆粒）
　　　… 小さじ1と½
　　塩 … ひとつまみ
　　こしょう … 少々
ピザ用チーズ … 30g
パセリ（乾燥）… 適量

作り方

1　玉ねぎは薄切りにする。バゲットは両面ににんにくを塗る。

2　フライパンに玉ねぎ、水を入れ、蓋をして弱火にかけ、約5分蒸し煮にする。オリーブオイルを加えて中火で炒め、玉ねぎが色づいてきたら端によせる。バターを加えて溶かし、バゲットの両面を焼き付ける。

3　バゲット、玉ねぎがきつね色になったらAを加えて混ぜる。バゲットの上にチーズをのせ、蓋をして弱火で約3分煮る。器に盛り、パセリを振る。

memo ——————————————

フライパンひとつで作れるオニオングラタンスープ。玉ねぎの蒸し煮はレンチンで時短してもOKです（電子レンジで2分が目安）。

ガーリックバゲット

材料 | **2人分**

バゲット … 15cm
A | オリーブオイル … 大さじ1と½
　　にんにく（チューブまたはすりおろし）
　　　… 小さじ1
　　塩 … ふたつまみ
　　こしょう … 少々

作り方

1　バゲットは縦に6等分に切る。Aを混ぜ合わせ、バゲットの表面に塗る。

2　トースターで1を約3分、軽く焼き色がつくまで焼く。

木曜日

「韓国風
甘辛ブリ大根」
の献立

韓国風
甘辛ブリ大根

材料 | 2人分

ブリ … 2切れ
酒 … 大さじ1
大根 … ¼本（300g）
A | 水 … 200㎖
　 | 酒 … 大さじ2
　 | 醤油、コチュジャン … 各大さじ1
　 | にんにく、しょうが（ともにチューブ
　 | 　またはすりおろし）… 各小さじ1
　 | 砂糖、みりん … 各小さじ1
ごま油、白すりごま … 各少々

作り方

1　ブリは酒を振って5分おき、ざるに入れて熱湯を回しかける。大根は1㎝厚さの半月切りにする。

2　鍋に大根を入れ、約5㎜高さになるよう水（分量外）を加え、蓋をして弱火で約15分煮る。柔らかくなったらAを加えて混ぜる。ブリをしっかり煮汁に浸かるように加え、蓋をして10分煮る。蓋を外して火を少し強め、3～4分煮詰める。

3　器に盛ってごま油を回しかけ、すりごまを振る。

ごま風味のポテトサラダ

金曜日の作り置き分を含む

材料 | 2人×2日分

じゃがいも … 3個（400g）
玉ねぎ（紫玉ねぎでも可）… ¼個（50g）
大葉 … 3枚
A | マヨネーズ … 大さじ6
　 | 白ねりごま … 大さじ1と½
　 | 砂糖 … 小さじ2
　 | ごま油 … 小さじ1と½
　 | 黒いりごま … 小さじ1
　 | 塩 … ひとつまみ～

作り方

1　じゃがいもは皮をむいて小さめの一口大に切る。耐熱容器に入れてふんわりとラップをかけ、電子レンジで6分加熱する。玉ねぎは薄切りにし、水に約10分さらして水気をしっかり切る。大葉は千切りにする。

2　1のじゃがいもが熱いうちに潰してAを混ぜ合わせ、玉ねぎも加えて混ぜる。器に盛り、大葉をのせる。

※作り置きとして½量を取り分け、冷蔵保存しておく。

memo

ねりごまは、白すりごま大さじ2＋ごま油小さじ2でも代用可。

焼き豆腐の
おろしあんかけ

材料 | 2人分

木綿豆腐 … 2/3丁
油 … 小さじ2
A | 水 … 100ml
　| 醤油 … 大さじ1
　| みりん … 大さじ1
　| 砂糖 … 小さじ1
　| 酒 … 小さじ1
片栗粉 … 小さじ1
大根おろし
　… 100g（約5cm分）
しょうが（チューブまたは
　すりおろし）… 小さじ1/2

作り方

1 豆腐は水気をしっかり切り、6等分に切って片栗粉適量（分量外）をまぶす。

2 フライパンに油を熱し、1を並べる。全体に焼き色がつくまで焼き、器に盛る。

3 耐熱容器にAを入れて混ぜ合わせ、ふんわりとラップをかけて電子レンジで2分加熱する。熱いうちに同量の水（分量外）で溶いた水溶き片栗粉を加えて素早く混ぜ、すぐにラップをして、ふたたび電子レンジで1分加熱する。取り出して素早く混ぜてとろみをつける。

4 2に3をかけ、大根おろし、しょうがを添える。

なすとひき肉の
ピリ辛味噌汁

材料 | 2人分

なす … 小1本（100g）
ごま油 … 少々
豚ひき肉 … 100g
A | 味噌 … 小さじ1
　| 豆板醤 … 小さじ1/2
　| 塩、こしょう
　|　… 各少々
酒 … 小さじ1

B | 水 … 400ml
　| 鶏ガラスープの素
　|（顆粒）… 小さじ1
味噌 … 大さじ1
ラー油 … 適宜

作り方

1 なすは5mm厚さの輪切りにする。

2 鍋にごま油を熱し、ひき肉、Aを入れて炒める。肉の色が変わり始めたら酒、なすを加えて1〜2分炒める。

3 Bを加えて混ぜ合わせ、ひと煮立ちさせる。火を止めて味噌を溶き入れ、好みでラー油を加える。

「豚肉となすの
カレーガパオライス」
の献立

金曜日 のレシピ

豚肉となすの
カレーガパオライス

材料 | 2人分

なす … 小2本（200g）
大葉 … 7枚
にんにく … 1かけ
しょうが … 1かけ
豚肩ロース肉（ブロック） … 250g
油 … 小さじ1
塩、こしょう … 各少々
酒 … 大さじ1
A | 醤油 … 大さじ1
　 | 砂糖 … 小さじ2
　 | オイスターソース … 小さじ1
　 | カレー粉 … 小さじ1
温かいご飯 … 2膳分
目玉焼き … 2個

memo ——————————•

豚肉はお好みでバラ肉などでもOK。にんにく、しょうがはチューブでも。その場合はAと一緒に加えてください。

作り方

1　なすは1.5cm角、大葉は粗みじん切り、にんにく、しょうがはみじん切りにする。豚肉は1.5cm角に切る。

2　フライパンに油を熱し、豚肉、塩、こしょうを入れて炒める。肉の色が変わってきたら酒を加えてひと混ぜし、なす、にんにく、しょうがを加えて炒める。

3　弱火にしてAを加え、混ぜながら炒める。全体に馴染んだら大葉を加えて混ぜ合わせ、火を止める。

4　器にご飯、3を盛り、目玉焼きをのせる。

木曜日の作り置き（P.52）

ごま風味のポテトサラダ

玉ねぎの和風マリネ

材料 | 2人分

玉ねぎ（紫玉ねぎでも可）
　… ¾個（150g）

A | 酢 … 小さじ2
　 ポン酢 … 小さじ2
　 砂糖 … 小さじ½
　 塩 … ひとつまみ
　 こしょう … 少々
　 オリーブオイル … 小さじ2

作り方

1　玉ねぎは薄切りにし、水に約10分さらして水気をしっかり切る。

2　ボウルにAを混ぜ合わせ、玉ねぎを加えて和え、15分以上おく。

大根と豆腐の
エスニックスープ

材料 | 2人分

大根 … 100g
しょうが … 1かけ
水 … 400mℓ
木綿豆腐 … ⅓丁

A | 鶏ガラスープの素（顆粒）
　　 … 小さじ2
　 醤油 … 小さじ1
　 ナンプラー … 小さじ2

作り方

1　大根、しょうがは千切りにする。

2　鍋に水を入れて火にかけ、沸いたら大根、しょうがを加えて1〜2分煮る。豆腐を手でちぎりながら加え、ひと煮立ちさせる。

3　Aを加えて混ぜ、ひと煮立ちしたら火を止める。

memo ————

ナンプラーがない場合、醤油小さじ1で代用可能です。

\ レンジやお手軽食材、大活用! /

忙しい週のための
美味しい時短献立

忙しくても自炊して食べたい! というときにおすすめ。
電子レンジを上手に活用したり、
お刺身や切るだけで使える野菜など時短の心強い食材を使用。
5〜10分で作れる副菜アイデアも豊富です。

月曜日	**まぐろのとろろユッケ**の献立
火曜日	**厚揚げとオクラのひき肉あん炒め**の献立
水曜日	**豚肉の照り焼き丼**の献立
木曜日	**タラの竜田焼き ねぎ醤油だれ**の献立
金曜日	**カオマンガイ**の献立

今週の使用調味料

塩・こしょう・砂糖・醤油・みりん・酒・酢・めんつゆ(3倍濃縮)・ポン酢・
お好みソース・マヨネーズ・ナンプラー・オイスターソース・コチュジャン・レモン汁・
鰹節・刻み海苔・焼き海苔・粗びき黒こしょう・赤唐辛子(輪切り)・青のり・
パセリ(乾燥)・和風だし(顆粒)・鶏ガラスープの素(顆粒)・白いりごま・白すりごま・
ごま油・オリーブオイル・片栗粉・薄力粉

週に1回まとめ買い！ \ → P.60通りに保存。

【肉・魚介】
- □ 牛薄切り肉 … 100g
- □ 豚バラ薄切り肉
  （ロースでも可）… 100g
- □ 豚ひき肉 … 150g
- □ 豚ロース肉（しょうが焼き用）
  … 6枚（200g）
- □ 鶏もも肉 … 大1枚（350g）
- □ タラ … 2切れ
- □ まぐろ刺身用 … 200g

【野菜】
- □ アボカド … 1個
- □ オクラ … 6〜7本
- □ かいわれ大根
  … 1パック（30g）
- □ きゅうり … 2本
- □ 小松菜 … 1袋（200g）
- □ しょうが … 3かけ
- □ 大根 … ½本（500g）
- □ トマト … 大1個（200g）
- □ 長芋 … 350g
- □ 長ねぎ … 1本
- □ にんにく（チューブでも可）
  … 3かけ

【その他】
- □ 卵 … 3個
- □ 温泉卵 … 2個
- □ クリームチーズ … 50g
- □ 絹厚揚げ … 300g
- □ ツナ缶（油漬け）… 2缶
- □ 生ハム … 小4枚（20g）
- □ 桜えび … 大さじ2
- □ わかめ（乾燥）
  … ふたつまみ
- □ 白菜キムチ … 120g
- □ 梅干し … 1個

週2回に分けて買い物！ \ → いつも通りに保存。

月、火、水曜日に使うもの

【肉・魚介】
- □ 牛薄切り肉 … 100g
- □ 豚ひき肉 … 150g
- □ 豚ロース肉（しょうが焼き用）
  … 6枚（200g）
- □ まぐろ刺身用 … 200g

【野菜】
- □ アボカド … 1個
- □ オクラ … 6〜7本
- □ きゅうり … 2本
- □ しょうが … 2かけ
- □ 大根 … ½本（500g）
- □ 長芋 … 350g
- □ 長ねぎ … ½本弱
- □ にんにく（チューブでも可）
  … 2かけ

【その他】
- □ 卵 … 3個
- □ 温泉卵 … 2個
- □ 絹厚揚げ … 300g
- □ ツナ缶（油漬け）… 2缶
- □ わかめ（乾燥）… ふたつまみ
- □ 白菜キムチ … 120g
- □ 梅干し … 1個

木、金曜日に使うもの

【肉・魚介】
- □ 豚バラ薄切り肉
  （ロースでも可）… 100g
- □ 鶏もも肉 … 大1枚（350g）
- □ タラ … 2切れ

【野菜】
- □ かいわれ大根
  … 1パック（30g）
- □ 小松菜 … 1袋（200g）
- □ しょうが（チューブでも可）
  … 1かけ
- □ トマト … 大1個（200g）

- □ 長ねぎ … ½本強
- □ にんにく（チューブでも可）
  … 2かけ

【その他】
- □ クリームチーズ … 50g
- □ 生ハム … 小4枚（20g）
- □ 桜えび … 大さじ2

※黄色マーカーの食材は月曜にまとめて買ってもOK。

肉

豚バラ薄切り肉

少しずらすようにして重ね、ラップでぴったりと包んでから保存袋に入れる。空気を抜いて冷凍保存する。使う日の朝に冷蔵室かチルド室に移して解凍する。

豚ひき肉

ラップでぴったりと包んで保存袋に入れて冷凍保存する。買ってすぐにパックから取り出して保存するとよい。使う日の朝に冷蔵室かチルド室に移して解凍。

豚ロース肉
（しょうが焼き用）

少しずらすようにして重ね、ラップでぴったりと包む。保存袋に入れて冷凍保存する。使う日の朝に冷蔵室かチルド室に移して解凍する。

肉

鶏もも肉

ラップでぴったりと包んで空気を抜き、保存袋に入れて空気を抜く。冷凍保存して、ほかの肉と同様に使う日の朝に冷蔵室かチルド室に移して解凍する。

魚介

タラ

ペーパータオルで水気を拭き取ってから1切れずつラップでぴったりと包む。保存袋に入れて空気を抜き、冷凍。使う日の朝に冷蔵室かチルド室で解凍する。

vegetables
野菜

かいわれ大根

2~3日なら未開封で保存もOK。開封後は根元が浸かるくらいの水を入れ、パックにラップをして輪ゴムで留める。立てた状態で野菜室で保存する。

トマト

ヘタに雑菌が多いため、最初に取り除いて洗う。ラップで1つずつぴったりと包む。保存袋に入れて、できるだけ空気を抜いて野菜室で保存する。

長ねぎ

野菜室に入る長さ（2~3等分）に切り、濡らしたキッチンペーパーで包んで保存袋に入れる。立てて野菜室に保存。特に根元と切り口は乾燥しないよう注意。

 おまけ 食材が余ったときはここをチェック!

vegetables
野菜

オクラ

ヘタとガクを除き、切らずにラップで包んでレンジ加熱。粗熱が取れたら保存袋に入れて冷凍する。1か月ほど保存可能。加熱しておくと調理にすぐ使えて便利。

大根

輪切りなど調理に使いやすいサイズに切り、保存袋に広げて入れる。空気を抜いて冷凍保存する。調理する際は冷凍のまま煮物や汁ものなどに使うとよい。

長芋

長芋はまとめて下ごしらえして冷凍しておくと便利。食べやすく切ってラップでぴったりと包み、保存袋に入れる。空気をできるだけ抜いて冷凍保存する。

まぐろの
とろろユッケ

材料 ┊ 2人分

長芋 … 200 g
まぐろ刺身用 … 200 g
A ┊ 醤油 … 大さじ1
┊ 砂糖 … 小さじ1
┊ コチュジャン … 小さじ1
┊ ごま油 … 小さじ1
卵黄 … 1個※
刻み海苔 … 適量
白いりごま … 適量
※卵白は「お好み風卵焼き」に使用

作り方

1 長芋は皮をむいてすりおろす。まぐろは柵の場合は薄切りにする。

2 バットにAを混ぜ合わせてまぐろを漬け、冷蔵庫に15分おく。

3 器にまぐろ、とろろを盛って卵黄をのせる。海苔をのせ、ごまを振る。

きゅうりとツナの
うま塩和え

材料 ┊ 2人分

きゅうり … 1本
ツナ缶（油漬け）… 1缶
鶏ガラスープの素（顆粒）… 小さじ1
ごま油 … 小さじ1

作り方

1 きゅうりは細切りにする。ツナ缶は油を切る。

2 ボウルにすべての材料を入れて和える。

memo ————————————————

水分が出やすいので、食べる直前に和えるのがおすすめです。

お好み風卵焼き

材料 ┊ 2人分

卵 … 2個
卵白（「まぐろのとろろユッケ」の残り）
　… 1個分
青のり … ふたつまみ
鰹節 … 1パック（2g）
油 … 少々
お好みソース … 小さじ2
マヨネーズ … 適量

作り方

1　ボウルに卵を割り入れ、卵白、青のり、鰹節を加えて混ぜ合わせる。

2　卵焼き器に油を熱し、1の卵液の⅓量を流し入れ、軽くかき混ぜて全体に広げる。焼き固まってきたら奥のほうに横一線にお好みソースを入れ、奥から手前に巻く。

3　残りの卵液を同様にして2回巻き（お好みソースは最初の一度だけ入れる）、卵焼きの形にする。

4　食べやすく切って器に盛り、マヨネーズを添える。

牛肉と大根の韓国風スープ

材料 ┊ 2人分

大根 … 100g
牛薄切り肉 … 100g
ごま油 … 小さじ1
水 … 400mℓ
塩 … ふたつまみ
A ┊ 鶏ガラスープの素（顆粒）
　　… 小さじ2
　醤油 … 小さじ2
　にんにく（チューブまたは
　　すりおろし）… 小さじ1
ごま油 … 適量

作り方

1　大根はいちょう切りにする。牛肉は食べやすく切る。

2　鍋にごま油を熱し、牛肉を入れて炒める。肉の色が変わり始めたら、大根を加えて1～2分炒める。

3　水、塩を加えて蓋をし、大根が柔らかくなるまで煮る。アクが出たら除く。

4　A を加えて混ぜ合わせ、ひと煮立ちさせて火を止める。器に盛ってごま油を回しかける。

memo ―――――――――――――――――――――

鶏ガラスープの素の代わりに『ダシダ（韓国風だし）』を使っても。より本格的になります。

（火曜日）

「厚揚げとオクラの
ひき肉あん炒め」
の献立

厚揚げとオクラの
ひき肉あん炒め

材料 | 2人分

絹厚揚げ … 200g
オクラ … 6〜7本
油 … 少々
豚ひき肉 … 150g
塩、こしょう … 各少々
A 水 … 80㎖
　醤油 … 大さじ1と½
　酒 … 大さじ1
　砂糖 … 小さじ2
　みりん … 小さじ2
　しょうが（チューブまたは
　　すりおろし）… 小さじ1
　鶏ガラスープの素（顆粒）
　　… 小さじ½
片栗粉 … 小さじ1

作り方

1　厚揚げは3cm角に切る。オクラはヘタを落として斜め半分に切る。

2　フライパンに油を熱し、ひき肉、塩、こしょうを入れて炒める。肉の色が変わってきたら、厚揚げ、オクラを加えて1〜2分炒める。

3　弱火にしてAを加えて混ぜ合わせ、蓋をして4〜5分煮る。

4　同量の水（分量外）で溶いた水溶き片栗粉を加えて混ぜ、軽くとろみがついたら火を止める。

長芋の梅醤油サラダ

材料 | 2人分

長芋 … 150g
A 梅干し … 1個
　醤油 … 小さじ2
　砂糖 … 小さじ1
鰹節 … 1パック（2g）

作り方

1　長芋は皮をむいて千切りにする。Aの梅干しは種を除いて粗くたたく。

2　ボウルにAを混ぜ合わせ、長芋を加えてさっくりと和える。

3　器に盛り、鰹節をのせる。

即席ツナ大根

材料 ┊ 2人分

大根 … ¼ 本弱（200g）
ツナ缶（油漬け）… 1缶
A ┊ めんつゆ（3倍濃縮）
　　　… 大さじ1と½
　┊ 醤油 … 小さじ⅔
ごま油 … 少々
長ねぎ（粗みじん切り）… 適量

memo ——————•

大根は硬そうなところがあれば追加で
加熱を。なるべく薄く切ることでより
時短になります。

作り方

1　大根は薄いいちょう切りにする。ツナ缶は油
　　を切る。

2　耐熱容器に大根、Aを入れて混ぜ、ふんわり
　　とラップをかけて電子レンジで4分加熱する。

3　ツナを加え、上下を返すように混ぜ、ふたた
　　びふんわりとラップをして電子レンジで1分
　　30秒加熱する。

4　ごま油を加えて混ぜ、そのまま粗熱が取れる
　　までおく。器に盛り、ねぎをのせる。

わかめキムチスープ

材料 ┊ 2人分

A ┊ 長ねぎ … 5cm
　┊ 白菜キムチ … 50g
　┊ わかめ（乾燥）… ふたつまみ
　┊ 醤油 … 小さじ1
　┊ 鶏ガラスープの素（顆粒）… 小さじ1
湯 … 360㎖
白いりごま … 小さじ1
ごま油 … 少々

作り方

1　Aのねぎは小口切りにする。

2　お椀にAを半量ずつ入れて湯を注ぎ、混
　　ぜ合わせる。ごまを振り、ごま油を回し
　　かける。

memo ——————————•

キムチの塩分量により、醤油の量は調整してください。

3 週目

水曜日

「豚肉の照り焼き丼」
の献立

豚肉の照り焼き丼

材料 | 2人分

長ねぎ（青い部分）… 5cm
豚ロース肉（しょうが焼き用）
　　… 6枚（200g）
薄力粉 … 大さじ1
A｜醤油 … 大さじ1と½
　｜みりん … 大さじ1と½
　｜酒 … 大さじ1と½
　｜砂糖 … 小さじ1と½
油 … 少々
温かいご飯 … 2膳分
白菜キムチ … 70g
白いりごま … 適量
温泉卵 … 2個

作り方

1　ねぎは小口切りにする。豚肉は薄力粉を全体に薄くまぶす。Aは混ぜ合わせておく。

2　フライパンに油を熱し、豚肉を入れて焼く。焼き色がついたら上下を返し、両面に焼き色をつける。

3　弱火にしてAを加え、豚肉を返しながら絡める。全体に馴染んで照りが出てきたら火を止める。

4　器にご飯を盛り、3、キムチをのせる。ごまを振って、ねぎ、温泉卵をのせる。

アボカドのナムル

材料 | 2人分

アボカド … 1個
A｜白すりごま … 小さじ1
　｜ごま油 … 小さじ1
　｜にんにく（チューブまたはすりおろし）
　　　… 小さじ½
　｜塩 … ふたつまみ
刻み海苔 … 適宜

作り方

1　アボカドは1.5cm角に切る。

2　ボウルにAを混ぜ合わせ、アボカドを加えてさっくり和える。

3　器に盛り、好みで海苔をのせる。

大根ときゅうりの
しょうが醤油漬け

材料 | 2人分

大根 … 100 g
きゅうり … 1本
しょうが … 1かけ
塩 … ふたつまみ
A | 赤唐辛子（輪切り）
　　　… 5〜6切れ
　　醤油 … 大さじ1と½
　　砂糖 … 大さじ1
　　酢 … 大さじ1

作り方

1 大根は拍子木切りにする。きゅうりは縦4等
　分にし、3〜4cm長さに切る。しょうがは千
　切りにする。

2 ボウルに大根、きゅうりを入れて塩を振り、
　全体に揉み込んで10分おく。出てきた水分
　をしっかり絞る。

3 ポリ袋にAを混ぜ合わせ、2、しょうがを加
　えて軽く揉み、10分漬ける。

厚揚げのお吸いもの

材料 | 2人分

絹厚揚げ … 100g
大根 … 100g
水 … 300ml
和風だし（顆粒）… 小さじ1
A | 醤油 … 小さじ2
　　塩 … ひとつまみ
しょうが（チューブまたは
　すりおろし）… 小さじ1

作り方

1 厚揚げは2cm角に切る。大根はすりおろす。

2 鍋に水を入れて火にかけ、沸いたら厚揚げ、
　和風だしを入れてひと煮立ちさせる。

3 Aを加えて混ぜ合わせ、ひと煮立ちしたら火
　を止める。

4 器に盛り、大根おろし、しょうがを添える。

3週目

木曜日

「タラの竜田焼き
ねぎ醤油だれ」
の献立

タラの竜田焼き
ねぎ醤油だれ

材料 ｜ 2人分

A｜ 長ねぎ … 1/3本（30g）
　｜ 醤油 … 大さじ1と½
　｜ 砂糖 … 大さじ1
　｜ 酢 … 小さじ2
　｜ ごま油 … 小さじ2
　｜ しょうが（チューブまたはすりおろし）
　｜　 … 小さじ1
　｜ にんにく（チューブまたはすりおろし）
　｜　 … 小さじ½
タラ … 2切れ
塩、こしょう … 各少々
片栗粉 … 大さじ1〜
油 … 大さじ1

作り方

1　Aの長ねぎはみじん切りにし、残りのA
　と混ぜ合わせておく。タラは一口大に切
　り、両面に塩、こしょうを振り、片栗粉
　をまぶす。

2　フライパンに油を熱し、タラを入れて焼
　く。焼き色がついたら裏返し、蓋をして
　弱火で4〜5分蒸し焼きにする。

3　裏面にも焼き色がついたら油を切って器
　に盛り、Aを回しかける。

小松菜の
オイスターごま和え

材料 ｜ 2人分

小松菜 … 1袋（200g）
A｜ オイスターソース … 大さじ1
　｜ 白すりごま … 大さじ1と½
　｜ ごま油 … 小さじ1と½

作り方

1　小松菜は3cm幅に切って葉と茎に分ける。

2　耐熱容器に小松菜の茎の部分を入れ、ふ
　んわりとラップをかけ、電子レンジで1
　分30秒加熱する。葉も加えてふたたび
　ラップをかけ、2分加熱する。

3　水気があったら切り、Aを加えて混ぜる。

トマトと生ハムの和風チーズドレッシングサラダ

材料 | 2人分

トマト … 大1個（200g）
クリームチーズ … 50g
生ハム … 小4枚（20g）
A | 醤油 … 小さじ2
　 | 酢 … 小さじ1
　 | 砂糖 … 小さじ½
　 | 塩 … 少々
　 | 粗びき黒こしょう … 少々
　 | オリーブオイル
　 | 　… 小さじ1と½
パセリ（乾燥）… 適宜

作り方

1　トマトは一口大、クリームチーズは1cm角、生ハムは食べやすい大きさに切る。ボウルにAを混ぜ合わせ、クリームチーズを加えて軽く潰しながら和える。

2　トマトと生ハムを加えてさっくりと和え、好みでパセリを振る。

memo ————————————

乾燥パセリの代わりにバジルや大葉を刻んだものを散らしても。

豚肉の塩レモンスープ

材料 | 2人分

長ねぎ … 5cm
豚バラ薄切り肉（ロースでも可）… 100g
ごま油 … 少々
A | 水 … 400ml
　 | 鶏ガラスープの素（顆粒）… 小さじ2
　 | 砂糖 … 小さじ1
　 | 醤油 … 小さじ1
　 | 塩 … ひとつまみ
レモン汁 … 小さじ1と½

作り方

1　ねぎは斜め薄切り、豚肉は食べやすい大きさに切る。

2　鍋にごま油を熱し、豚肉を入れて炒める。肉の色が変わり始めたらねぎも加えて軽く炒める。

3　Aを加えて混ぜ、ひと煮立ちさせる。レモン汁を加えて混ぜ、火を止める。

金曜日

「カオマンガイ」
の献立

金曜日 のレシピ

カオマンガイ

材料 | 2人分

鶏もも肉 … 大1枚（350g）
酒 … 大さじ1
塩 … 少々
米 … 2合

A
| 酒 … 大さじ1
| 鶏ガラスープの素
|　　（顆粒）… 小さじ2
| にんにく、しょうが
|　　（ともにチューブまたは
|　　すりおろし）… 各小さじ1
| ごま油 … 小さじ1
| 醤油 … 小さじ½
| 塩 … 少々

長ねぎ（青い部分）… 10cm

B
| 長ねぎ … 5cm
| 醤油 … 大さじ1と½
| 酢 … 小さじ2
| オイスターソース
|　　… 小さじ1と½
| 砂糖 … 小さじ1
| ごま油 … 小さじ1
| しょうが（チューブ
|　　またはすりおろし）
|　　… 小さじ½
| ラー油 … 適宜

パクチー … 適宜

memo

パクチーが苦手な場合、三つ葉や大葉、
ねぎなどを添えてもOK。

作り方

1　鶏肉は厚い部分に切り込みを入れて厚さを均一にして、酒、塩を両面に振る。

2　米は洗って炊飯器に入れ、Aを加えて2合の目盛りまで水（分量外）を加えて混ぜ合わせる。鶏肉をのせ、空いたスペースに長ねぎの青い部分を入れ、通常通り炊飯する。

3　たれを作る。Bの長ねぎはみじん切りにして、残りのBと混ぜ合わせる。

4　ご飯が炊けたら鶏肉を取り出して食べやすく切る。器にご飯を盛って鶏肉をのせ、好みでパクチーを添え、たれをかける。

かいわれ大根の
マヨポンサラダ

材料 ┊ 2人分

かいわれ大根 … 1パック（30g）
A │ マヨネーズ … 小さじ2
　│ ポン酢 … 小さじ1
　│ 砂糖 … 小さじ½
　│ ごま油 … 小さじ½
　│ 白いりごま … 小さじ½
トマト（くし形切り）… 適宜

作り方

1　かいわれ大根は根を落として3cm長さに切る。

2　ボウルにAを混ぜ合わせ、かいわれ大根を加えて和える。好みでトマトを添える。

桜えびの
アジアンスープ

材料 ┊ 2人分

A │ 長ねぎ … 5cm
　│ 桜えび … 大さじ2
　│ 醤油 … 小さじ1
　│ ナンプラー（または醤油）
　│ 　… 小さじ2
　│ 和風だし（顆粒）… 小さじ1
　│ ごま油 … 少々
湯 … 300㎖
焼き海苔（一口大にちぎる）… 適宜

作り方

1　Aのねぎは小口切りにする。

2　お椀にAを半量ずつ入れる。湯を注いで混ぜ合わせ、好みで海苔をのせる。

＼ さっと作れる！／
麺レシピ

ジャージャー麺

材料 ｜ 2人分

長ねぎ … ½本
きゅうり … ½本
にんにく … 1かけ
A｜甜麺醤 … 大さじ2
　｜ごま油 … 大さじ1
　｜豆板醤 … 小さじ1〜
豚ひき肉 … 300g
B｜酒 … 大さじ2
　｜醤油 … 大さじ1
　｜オイスターソース … 大さじ1
　｜砂糖 … 小さじ1と½
　｜鶏ガラスープの素（顆粒）
　｜　… 小さじ1
片栗粉 … 小さじ1
中華蒸し麺 … 2玉

作り方

1　ねぎは3cmほどを白髪ねぎにし、残りはみじん切りにする。きゅうりは千切り、にんにくはみじん切りにする。

2　フライパンにAとにんにくを入れて弱火にかけ、香りが立ってきたら豚ひき肉を加えて炒める。肉の色が変わったら、みじん切りにしたねぎも加えて炒める。

3　Bを加えて混ぜ、全体に馴染んだら同量の水（分量外）で溶いた水溶き片栗粉を加えて混ぜる。軽くとろみがついたら火を止める。

4　鍋に湯を沸かし、中華麺を袋の表示通りに茹でる。ざるにあげ、冷水でぬめりを取りながら洗って水気を切る。

5　器に麺を盛って3をかけ、きゅうり、白髪ねぎを添える。

時間がないときでもすぐに作れる麺のレシピをご紹介します。
ちょっとした副菜を添えて忙しい日の夕飯や、ランチにもおすすめです。

味噌煮込みうどん

材料 ┆ 2人分

長ねぎ … 1/3 本
にんじん … 1/3 本
油揚げ … 1枚
鶏もも肉 … 150 g
水 … 600㎖
うどん … 2玉
A｜醤油 … 大さじ3
　｜みりん … 大さじ3
　｜酒 … 大さじ3
　｜味噌 … 大さじ1と 1/2
　｜砂糖 … 大さじ1
　｜にんにく（チューブまたは
　｜　すりおろし）… 小さじ1
　｜和風だし（顆粒）… 小さじ1
卵 … 2個

作り方

1　ねぎは斜め切り、にんじん、油揚げは短冊切りにする。鶏肉は一口大に切る。

2　鍋に水、ねぎ、にんじんを入れて火にかける。煮立ったら油揚げ、鶏肉を加えてひと煮立ちさせる。

3　うどんを加えてほぐし、ひと煮立ちしたらAを加えて混ぜ、蓋をして約2分煮る。

4　卵を割り入れて弱火にし、ふたたび蓋をして煮る。

memo ─────────────・

うどんを煮る時間は商品に合わせて調整を。生麺を使う場合は、粉をよく落としてから鍋に入れてください。

なすとツナの
冷やしぶっかけうどん

材料 | 2人分

なす … 小2本
ツナ缶（油漬け）… 1缶
A | 醤油 … 大さじ1
みりん … 大さじ1
酒 … 大さじ1
砂糖 … 小さじ1
ごま油 … 小さじ1
うどん … 2玉
B | めんつゆ（3倍濃縮）
… 大さじ4〜
水 … 200㎖〜
白いりごま … 少々
小ねぎ（小口切り）… 少々

作り方

1　なすは1㎝厚さの輪切りにする。ツナ缶は油を切る。

2　耐熱容器にAを混ぜ合わせ、なすを加えて和える。ふんわりとラップをかけて電子レンジで2分加熱する。ツナも加えて混ぜ合わせ、ふたたびふんわりとラップをかけ、電子レンジで1分30秒加熱し、粗熱を取る。

3　鍋に湯を沸かし、うどんを袋の表示通りに茹でて冷水でしめ、水気を切る。

4　器にBを半量ずつ入れ、うどんを盛る。2をのせてごまを振り、ねぎをのせる。

ほうれん草と
ベーコンのクリームパスタ

材料 | 2人分

ほうれん草 … 2株
ベーコン（厚切り）… 50g
オリーブオイル … 少々
バター… 10g
薄力粉 … 大さじ1
A | 牛乳 … 300㎖
　| コンソメ（顆粒）… 小さじ2
　| 塩 … ひとつまみ～
　| こしょう … 少々
スパゲッティ… 200g

memo

ほうれん草はP.45の方法でレンジ加熱してもOK。

作り方

1　ほうれん草は茹でて水に取り、水気をしっかり絞って3cm長さに切る。ベーコンは拍子木切りにする。

2　フライパンにオリーブオイルを熱し、ベーコンを炒める。ベーコンに焼き色がついてきたら、ほうれん草、バターを加えて約1分炒める。

3　薄力粉を全体に振るい入れて混ぜ、粉気がなくなったらAを加えて軽くとろみがつくまで煮る。

4　鍋に湯を沸かし、スパゲッティを袋の表示より1分少ない時間で茹でる。水気を切って3のフライパンに加え、弱火で約1分絡める。

大葉と豚しゃぶの
和風パスタ

材料 ｜ 2人分

大葉 … 8枚
豚バラ薄切り肉 … 150g
A｜めんつゆ（3倍濃縮）… 大さじ3
　｜水 … 大さじ2
　｜白すりごま … 大さじ1
　｜ごま油 … 大さじ1
　｜醤油 … 小さじ2
　｜砂糖 … 小さじ1
塩 … 適量
スパゲッティ … 200g

作り方

1　大葉は千切りにする。豚肉は食べやすく切る。Aは混ぜ合わせておく。

2　鍋に湯を沸かし、豚肉を1枚ずつ入れて茹でる。火が通ったら取り出し、水気をよく切る。

3　別の鍋に湯を沸かして塩を加え、スパゲッティを袋の表示通りに茹でる。水気を切って、器に盛る。

4　豚肉をのせてAを半量ずつ回しかけ、大葉をのせる。

鯖缶トマトそうめん

材料 ┊ 2人分

トマト … 1個
大葉 … 2枚
みょうが … 1個
鯖缶（味噌煮）… ½缶
そうめん … 3～4束（200g）
めんつゆ（3倍濃縮）… 大さじ6
水 … 300mℓ

作り方

1 トマトは一口大、大葉は千切り、みょうがは
小口切りにする。

2 ボウルに鯖缶を缶汁ごと入れて軽くほぐし、
トマトを加えて和える。

3 鍋に湯を沸かし、そうめんを袋の表示通りに
茹でる。冷水でしめ、水気を切る。

4 器にめんつゆ、水を等分に入れて混ぜ、そう
めんを盛る。2をのせ、大葉、みょうがをの
せる。

4週目

\ 少ない品数で大満足! /

ボリュームたっぷりの2品献立

ご飯ものやボリューム満点のメインがあれば、
2品だけの献立でも大満足!
たんぱく質も野菜もしっかり摂れて、栄養面も安心。
お疲れ気味のときに嬉しい献立です。

月曜日	**バターチキンカレー**の献立
火曜日	**ビビンバ**の献立
水曜日	**天津飯**の献立
木曜日	**豚肉とれんこんのトンテキ**の献立
金曜日	**鮭のマヨチー焼き**の献立

今週の使用調味料

塩・こしょう・砂糖・醤油・みりん・酒・酢・味噌・マヨネーズ・ケチャップ・
ウスターソース・カレー粉・コチュジャン・パセリ(乾燥)・和風だし(顆粒)・
鶏ガラスープの素(顆粒)・コンソメ(顆粒)・白いりごま・白すりごま・ごま油・
オリーブオイル・バター・片栗粉・薄力粉

週に1回まとめ買い！ → P.90通りに保存。

【肉・魚介】
- □ 合いびき肉 … 300g
- □ 豚バラ薄切り肉（ロースでも可）… 100g
- □ 豚ロース肉（とんかつ用）… 2枚
- □ 鶏もも肉 … 1枚（300g）
- □ 鮭（塩鮭甘口）… 2切れ

【野菜・きのこ】
- □ アボカド … 1個
- □ 大葉 … 1袋（10枚）
- □ きゅうり … 1本
- □ しょうが（チューブでも可）… 2かけ
- □ 玉ねぎ … 1個（200g）
- □ 長ねぎ … 1本
- □ にんじん … 1本（150g）
- □ にんにく（チューブでも可）… 5かけ
- □ ほうれん草 … 1袋（200g）
- □ ミニトマト … 5個
- □ もやし … 1袋（200g）
- □ レタス … ½個（150g）
- □ れんこん … 約10cm（200g）
- □ しいたけ … 5個
- □ しめじ … 1袋
- □ まいたけ … 1パック

【その他】
- □ 卵 … 7個
- □ 牛乳 … 40ml
- □ ピザ用チーズ … 60g
- □ ヨーグルト（プレーン）… 100g
- □ カットトマト缶 … 1缶（400g）
- □ カニカマ … 90g

週2回に分けて買い物！ → いつも通りに保存。

月、火、水曜日に使うもの

【肉】
- □ 合いびき肉 … 300g
- □ 鶏もも肉 … 1枚（300g）

【野菜・きのこ】
- □ アボカド … 1個
- □ きゅうり … 1本
- □ しょうが（チューブでも可）… 2かけ
- □ 玉ねぎ … 1個（200g）
- □ 長ねぎ … 1本
- □ にんじん … 1本（150g）
- □ にんにく（チューブでも可）… 4かけ
- □ ほうれん草 … 1袋（200g）
- □ ミニトマト … 5個
- □ もやし … 1袋（200g）
- □ レタス … 90g
- □ しいたけ … 5個

【その他】
- □ 卵 … 7個
- □ 牛乳 … 40ml
- □ ピザ用チーズ … 30g
- □ ヨーグルト（プレーン）… 100g
- □ カットトマト缶 … 1缶（400g）
- □ カニカマ … 90g

木、金曜日に使うもの

【肉・魚介】
- □ 豚バラ薄切り肉（ロースでも可）… 100g
- □ 豚ロース肉（とんかつ用）… 2枚
- □ 鮭（塩鮭甘口）… 2切れ

【野菜・きのこ】
- □ 大葉 … 1袋（10枚）
- □ にんにく（チューブでも可）… 1かけ
- □ レタス … 60g
- □ れんこん … 約10cm（200g）
- □ しめじ … 1袋
- □ まいたけ … 1パック

【その他】
- □ ピザ用チーズ … 30g

※黄色マーカーの食材は月曜にまとめて買ってもOK。

まとめ買いしたときの保存方法

肉

合いびき肉

ひき肉はできるだけ早めに冷凍保存する。ぴったりとラップで包んで保存袋に入れる。空気を抜いて口を閉じ、冷凍。使う日の朝に冷蔵室かチルド室で解凍。

豚バラ薄切り肉

少しずらすようにして重ね、ラップでぴったりと包む。保存袋に入れて空気を抜き、冷凍室へ。使う際はほかの肉と同様に朝に冷蔵室かチルド室に移動して解凍。

豚ロース肉
（とんかつ用）

1枚ずつラップでぴったりと包んで保存袋に入れ、空気を抜いて冷凍室で保存。使う日の朝に冷蔵室かチルド室に移して解凍する。

魚介

鮭（塩鮭甘口）

1切れずつラップでぴったりと包んでから保存袋に入れ、空気を抜く。口を閉じて冷凍室で保存する。使う日の朝に冷蔵室かチルド室で解凍してから使用する。

その他

トマト缶

月曜日に缶を開けたら残りの½缶を保存容器に入れ、蓋をして冷凍保存する。トマト缶は開封後そのままにすると錆びることがあるので、すぐに移し替える。

大葉

大葉は乾燥に弱いので、水気を補って保存するのがおすすめ。ペーパータオルを水で濡らして軽く絞り、大葉を包む。保存袋に入れ、野菜室で保存する。

レタス

乾燥しないよう、濡らして軽く絞ったペーパータオルで全体を包んでから、保存袋に入れる。できるだけ空気を抜いて口を閉じ、野菜室で保存する。

れんこん

保存容器に入れ、かぶるくらいの水を注いで野菜室で保存すると鮮度がキープできる。または輪切りなど使いやすいサイズに切って冷凍保存しても。

mushroom
きのこ

しめじ

丸ごとのままペーパータオルに包み、保存袋に入れて野菜室へ。小房に分けて保存袋に広げて入れ、冷凍保存しても。その場合は凍ったまま加熱して使用する。

まいたけ

しめじと同様にペーパータオルで包んで保存袋に入れ、野菜室で保存。小房に分けて保存袋に広げて入れ、冷凍保存も可。その場合は凍ったまま加熱して使用する。

Fourth week

memo ————·

鶏肉は半日程度漬けるとより味が馴染んでしっとりするので、朝や前日から漬け込んでおくのもおすすめ。また、玉ねぎのみじん切りはなるべく小さく切ることで滑らかなカレーに仕上がります。

バターチキンカレー

材料 ┊ 2人分

鶏もも肉 … 1枚（300g）
A ┊ ヨーグルト（プレーン）… 100g
　 ┊ カレー粉 … 大さじ1
　 ┊ にんにく、しょうが
　 ┊ 　（ともにチューブまたはすりおろし）
　 ┊ 　… 各小さじ½
玉ねぎ … ¾個（150g）
オリーブオイル … 小さじ2
にんにく、しょうが
　（ともにチューブまたはすりおろし）
　… 各小さじ½
B ┊ カットトマト缶 … ½缶（200g）
　 ┊ 水 … 100㎖
　 ┊ バター… 15g
　 ┊ 砂糖、醤油 … 各大さじ1
　 ┊ カレー粉、コンソメ（顆粒）
　 ┊ 　… 各小さじ1
　 ┊ 塩 … ひとつまみ
　 ┊ こしょう … 少々
牛乳 … 大さじ2
温かいご飯 … 2膳分

作り方

1　鶏肉は一口大に切る。保存袋などにAを混ぜ合わせ、鶏肉を入れて揉み込む。冷蔵庫で2時間以上おく。

2　玉ねぎはみじん切りにする。フライパンにオリーブオイルを熱し、弱火で玉ねぎをしんなりするまで炒める。にんにく、しょうがを加えてさらに1〜2分炒める。

3　2にBを加え、トマトを軽く潰しながら混ぜ合わせる。全体が均一になったら、1の鶏肉を漬け汁ごと加えて混ぜ合わせる。蓋をして弱火で15分煮る。

4　蓋を開けて3〜4分煮詰め、牛乳を加えて混ぜ合わせる。軽くとろみがついてきたら火を止める。

5　器にご飯を盛り、4のカレーをかける。

コブサラダ

材料 : 2人分

卵 … 2個
ミニトマト … 5個
アボカド … 1個
きゅうり … 1本
カニカマ … 40g
A｜ マヨネーズ … 大さじ1と½
　　 牛乳 … 小さじ2
　　 ケチャップ … 小さじ2
　　 砂糖 … 小さじ⅓
　　 にんにく (チューブまたは
　　　 すりおろし) … 小さじ⅓
　　 塩 … ひとつまみ
　　 こしょう … 少々
レタス … 3枚 (90g)

作り方

1 卵は熱湯で10分茹でて殻をむき、1.5cm角に切る。ミニトマトは縦4等分、アボカドは1.5cm角、きゅうり、カニカマは1cm角に切る。Aは混ぜ合わせておく。

2 器にレタスを敷いて1を具材ごとに並べて盛り付け、Aをかける。

火曜日

「ビビンバ」
の献立

火曜日 のレシピ

ビビンバ

肉味噌、ナムル3種は水曜日の
「ユッケジャン風スープ」の作り置き分を含む

材料 | 2人分

長ねぎ（白い部分）… ¼ 本
温かいご飯 … 2膳分
肉味噌、にんじんナムル、
　ほうれん草ナムル、もやしナムル
　（レシピは右ページ参照）
　　… いずれもできあがりの ⅔ 量
卵黄 … 2個

作り方

1 ねぎは白髪ねぎにする。

2 器にご飯を盛り、肉味噌、ナムル3種を
盛り付ける。卵黄を中心にのせ、白髪ね
ぎをのせる。

memo ─────────────・

作り置き分の肉味噌とナムルは冷蔵保存してく
ださい。お好みでキムチを添えても美味しいで
す。余った卵白は、おまけレシピ（P.144）やス
ープなどに使うのがおすすめ。

しいたけとチーズの
トマトスープ

材料 | 2人分

しいたけ … 3個
玉ねぎ … ¼ 個（50g）
水 … 200㎖
A｜カットトマト缶 … ½ 缶（200g）
　｜鶏ガラスープの素（顆粒）… 小さじ2
　｜砂糖 … 小さじ1と ½
　｜塩 … ひとつまみ
　｜こしょう … 少々
ピザ用チーズ … 30g

作り方

1 しいたけは4等分に切る。玉ねぎは薄切
りにする。

2 鍋に水、しいたけ、玉ねぎを入れて火に
かけ、ひと煮立ちさせる。Aを加えて混
ぜ合わせ、蓋をして弱火で約5分煮る。

3 チーズを加えて蓋をし、チーズが溶けた
ら火を止める。

肉味噌

材料 | 2人分+作り置き分

合いびき肉 … 300 g
A | 醤油 … 大さじ1と½
　 | 砂糖、みりん、酒 … 各大さじ1
　 | コチュジャン … 小さじ2
　 | にんにく、しょうが（ともにチューブ
　 | 　またはすりおろし）… 各小さじ½
油 … 少々

作り方

1　フライパンに油を熱し、ひき肉を炒
　める。肉の色が変わってきたら、A
　を加えて混ぜ合わせる。煮詰めなが
　ら炒め、水分がなくなる直前で火を
　止める。

にんじんナムル

材料 | 2人分+作り置き分

にんじん … 1本（150g）
A | 鶏がらスープの素（顆粒）、ごま油
　 | 　… 各小さじ1
　 | にんにく（チューブまたはすりおろし）、酢
　 | 　… 各小さじ½
　 | 塩 … ふたつまみ

作り方

1　にんじんは細切りにする。耐熱容器
　に入れてふんわりとラップをし、電
　子レンジで3分加熱する。

2　水気を切り、Aを混ぜ合わせる。

ほうれん草ナムル

材料 | 2人分+作り置き分

ほうれん草 … 1袋（200g）
A | 鶏がらスープの素（顆粒）、白すりごま、
　 | ごま油 … 各小さじ1

作り方

1　ほうれん草は葉と茎に切り分ける。
　耐熱容器に茎を入れてふんわりとラ
　ップをかけ、電子レンジで1分30
　秒加熱する。葉も加えてふたたびラ
　ップをかけ、さらに1分加熱する。
　流水でよく洗い、水気をしっかり絞
　る。

2　3cm長さに切り、Aを混ぜ合わせる。

もやしナムル

材料 | 2人分+作り置き分

もやし … 1袋（200g）
A | 鶏がらスープの素（顆粒）… 小さじ2
　 | 白いりごま、ごま油 … 各小さじ1
　 | にんにく（チューブまたはすりおろし）
　 | 　… 小さじ1弱
　 | 塩 … ひとつまみ

作り方

1　もやしは耐熱容器に入れてふんわり
　とラップをし、電子レンジで3分加
　熱する。

2　水気をしっかり切り、Aを混ぜ合わ
　せる。

※肉味噌、ナムル3種はいずれも水曜日の「ユッケジャン風スープ」の作り置きとして⅓量を取り分け、
　保存容器に入れて冷蔵保存しておく。

Fourth week

4週目

（ 水曜日 ）

「天津飯」
の献立

memo ────・

電子レンジであんを作ると
時短になります。4の最初
の加熱でしっかり熱くする
のがポイント。熱くない場
合は、追加で1分ほど加熱
してください。熱いうちに
水溶き片栗粉を加えたら手
早く混ぜ、すぐに再加熱す
ることでダマになりにくく
なります。

天津飯

材料 ｜ 2人分

カニカマ … 50g
長ねぎ … ½本（50g）
しいたけ … 2個
卵 … 3個
塩 … ふたつまみ
こしょう … 少々
油 … 小さじ1
A｜水 … 200mℓ
　　砂糖 … 大さじ2
　　醤油 … 大さじ2
　　酢 … 小さじ4
　　酒 … 小さじ2
　　鶏ガラスープの素（顆粒）
　　　 … 小さじ1
　　塩 … ひとつまみ
片栗粉 … 大さじ1
温かいご飯 … 2膳分

作り方

1　カニカマは手でさく。ねぎは縦半分に切って
　　斜め薄切りにする。しいたけは薄切りにする。

2　ボウルに卵を割り入れ、1、塩、こしょうを
　　入れて混ぜ合わせる。

3　小さめのフライパンに油を熱し、2の半量を
　　流し入れて大きく混ぜ、焼き固まったら返し
　　て裏面も焼く。同様に残りも焼く。

4　耐熱容器にAを入れてよく混ぜ、ふんわりと
　　ラップをかける。電子レンジで2分加熱する。
　　ひと混ぜして、熱いうちに同量の水（分量外）
　　で溶いた水溶き片栗粉を加え、素早くよく混
　　ぜ合わせる。すぐにふたたびふんわりとラッ
　　プをかけ、追加で1分30秒加熱する。加熱
　　後すぐによく混ぜ合わせ、とろみをつける。

5　器にご飯を盛って3をのせ、4のあんを全
　　体にかける。

塩あん

材料	1人分

A
水 … 200mℓ
酒 … 小さじ1
鶏ガラスープの素（顆粒）
　… 小さじ1
砂糖 … 小さじ½
塩 … 小さじ¼
片栗粉 … 小さじ2

memo ———————————•

お好みで塩あんもおすすめ。2種作っ
て半々ずつかけても美味しいです。

作り方

1　耐熱容器にAを入れてよく混ぜ、ふん
　　わりとラップをかける。電子レンジで
　　2分加熱する。ひと混ぜして、熱いう
　　ちに同量の水（分量外）で溶いた水溶き
　　片栗粉を加えて素早くよく混ぜ合わせ
　　る。すぐにふたたびふんわりとラップ
　　をかけ、追加で1分加熱する。加熱後
　　すぐによく混ぜ合わせ、とろみをつけ
　　る。

ユッケジャン風スープ

肉味噌、ナムル3種は火曜日（P.98）の作り置きを使用

材料	2人分

長ねぎ … ¼本
A
水 … 400mℓ
コチュジャン … 小さじ2
砂糖 … 小さじ½
醤油 … 小さじ½
鶏ガラスープの素（顆粒）… 小さじ½
肉味噌、にんじんナムル、ほうれん草ナムル、
　もやしナムル（火曜日の作り置き・P.98）
　… 各全量
ごま油 … 小さじ1

作り方

1　ねぎは小口切りにする。

2　鍋にAを入れて混ぜ、火にかける。煮
　　立って調味料が溶けたら肉味噌、ナム
　　ルを加えてひと煮立ちさせる。

3　器に盛ってごま油を回しかけ、ねぎを
　　のせる。

memo ———————————•

メインが卵料理でないときは、溶き卵を加え
てより本格的なユッケジャン風にするのもお
すすめです。

4週目

木曜日

「豚肉とれんこんの
トンテキ」
の献立

豚肉とれんこんのトンテキ

材料｜2人分

れんこん … 7 〜 8cm（150g）
薄力粉 … 適量
豚ロース肉（とんかつ用）… 2枚
塩、こしょう … 各少々
A｜醤油 … 大さじ1
　｜ケチャップ … 大さじ1
　｜ウスターソース … 大さじ1
　｜みりん … 小さじ2
　｜にんにく（チューブまたはすりおろし）
　｜… 小さじ1
オリーブオイル … 小さじ2
レタスまたはキャベツ（千切り）、ミニ
　トマトなど … 各適宜

作り方

1　れんこんは7mm厚さに切り、大きければ半
　分に切って表面に薄力粉をまぶす。豚肉は身
　と脂の間に何箇所か切り込みを入れて筋を切
　る。両面に塩、こしょうを振り、薄力粉をま
　ぶす。Aは混ぜ合わせておく。

2　フライパンにオリーブオイルを熱し、豚肉を
　入れて焼く。焼き色がついたら裏返し、空い
　たスペースにれんこんを加えてときどき裏返
　しながら焼く。

3　弱火にし、Aを加えて両面に絡める。水分が
　少なくなって照りが出てきたら火を止める。

4　豚肉を食べやすく切って器に盛り、れんこん
　を添える。お好みでレタスやキャベツ、ミニ
　トマトなどを添える。

きのこのしそバター和え

材料 | 2人分

しめじ … ⅓袋強（70g）
まいたけ … ¾パック（70g）
大葉 … 6枚
A | バター … 10g
　| 和風だし（顆粒）… 小さじ1
　| 醤油 … 小さじ½

作り方

1　しめじは小房に分ける。まいたけは手でさく。大葉はみじん切りにする。耐熱容器にきのこ類を入れてふんわりとラップをかけ、電子レンジで2分加熱する。

2　加熱後に水気を切り、熱いうちにAを加えて混ぜ合わせ、大葉を加えて和える。

おまけレシピ

即席海苔の中華スープ

材料 | 2人分

焼き海苔（八つ切り）… 10枚
小ねぎ … 1本
A | 鶏ガラスープの素（顆粒）
　| 　 … 小さじ2
　| 白いりごま … 小さじ½
　| ごま油 … 少々
湯 … 300㎖

作り方

1　海苔は手でちぎる。ねぎは小口切りにする。

2　お椀にAを半量ずつ入れ、海苔、ねぎを等分に加える。湯を等分に注ぎ、混ぜる。

4週目

(金曜日)

「鮭のマヨチー焼き」
の献立

鮭のマヨチー焼き

材料｜2人分

しめじ … ⅓袋
鮭（塩鮭甘口） … 2切れ
薄力粉 … 大さじ1
A｜ピザ用チーズ … 30g
　｜マヨネーズ … 大さじ3
オリーブオイル … 小さじ1
パセリ（乾燥） … 少々

作り方

1 しめじは小房に分ける。鮭は薄力粉をまぶす。Aは混ぜ合わせておく。

2 フライパンにオリーブオイルを熱し、鮭を入れて焼く。焼き色がついたら裏返して空いたスペースにしめじを加えて炒める。

3 鮭の上にしめじ、Aをのせ、蓋をして弱火で約3分蒸し焼きにする。火を止めてパセリを振る。

memo ─────────────・

きのこはお好みのものに替えて作っても。生鮭を使う場合は塩ふたつまみ、こしょう少々を振ってください。

洋風豚汁

材料 2人分

れんこん … 2〜3cm（50g）
しめじ … ¼袋
まいたけ … ¼パック
レタス … 2枚（60g）
大葉 … 4枚
豚バラ薄切り肉（ロースでも可）
　… 100g
水 … 450mℓ
コンソメ（顆粒）… 小さじ1
味噌 … 大さじ2
オリーブオイル … 少々

作り方

1　れんこんは半月切り、しめじは小房に分け、まいたけは手でさく。レタスはざく切り、大葉は粗みじん切りにする。豚肉は一口大に切る。

2　鍋に水を入れて火にかけ、沸いたら豚肉、れんこんを入れて煮る。アクが出たら除く。豚肉に火が通ったらコンソメを加えて混ぜ、きのこ類、レタス、大葉を加えてひと煮立ちさせる。

3　火を止めて味噌を溶き入れる。器に盛り、オリーブオイルを回しかける。

おまけレシピ

豆腐とアボカドの
ねぎドレッシングサラダ

材料 2人分

木綿豆腐 … ½丁
アボカド … ½個
レタス … 3〜4枚
A　小ねぎ … 1本
　　醤油 … 小さじ2
　　砂糖 … 小さじ1
　　酢 … 小さじ1
　　白いりごま … 小さじ1
　　ごま油 … 小さじ1
　　にんにく（チューブまたは
　　　すりおろし）… 小さじ½

作り方

1　豆腐は水切りし、スプーンですくって食べやすいサイズにする。アボカドはスプーンで一口大にすくう。レタスは大きめの一口大にちぎる。Aのねぎは小口切りにして、残りのAと混ぜ合わせておく。

2　器にレタスを敷き、豆腐、アボカドを盛り、Aを回しかける。

memo

豆腐はお好みで絹ごし豆腐を使っても。

5週目

＼ しっかり食べたいときに！ ／

家族が喜ぶ
ラクチン献立

具だくさんの鍋もの、青椒肉絲といった定番から
ハワイの名物ガーリックシュリンプや、
洋風のアツアツグラタンまで。
子どもも食べやすく、家族みんなが大好きな献立です。

月曜日	**牛肉と白菜のすき煮** の献立
火曜日	**具だくさん塩ちゃんこ鍋** の献立
水曜日	**ガーリックシュリンプ** の献立
木曜日	**青椒肉絲**（チンジャオロースー） の献立
金曜日	**ミートボールグラタン** の献立

今週の使用調味料

塩・こしょう・砂糖・醤油・みりん・酒・酢・味噌・マヨネーズ・オイスターソース・
カレー粉・鰹節・レモン汁・和風だし（顆粒）・鶏ガラスープの素（顆粒）・コンソメ（顆粒）・
白いりごま・白すりごま・ごま油・オリーブオイル・バター・片栗粉・薄力粉

今週のお買い物リスト

週に1回まとめ買い！　→ P.114通りに保存。

【肉・魚介】
- □ 合いびき肉 … 200g
- □ 牛薄切り肉 … 150g
- □ 豚ひき肉 … 250g
- □ 豚ロース薄切り肉 … 150g
- □ 鶏もも肉 … 小1枚（250g）
- □ 無頭えび（殻付き）… 12尾（250g）

【野菜・きのこ】
- □ じゃがいも … 2個
- □ しょうが … 1かけ
- □ 玉ねぎ … 3個
- □ 長ねぎ … 1本
- □ にんじん … 小1本
- □ にんにく … 4かけ
- □ 白菜 … ¼カット1個（500g）
- □ パセリ … 2本
- □ ピーマン … 4個
- □ 水菜 … 小1袋（4株120g）
- □ レタス … 1個
- □ しいたけ … 4個
- □ しめじ … 1袋
- □ まいたけ … 大1パック

【その他】
- □ 卵 … 小〜中3個
- □ 牛乳 … 250㎖
- □ ピザ用チーズ … 80g
- □ 絹豆腐 … 1丁（300g）
- □ コーン缶 … 1缶（120g）
- □ ハーフベーコン（薄切り）… 5枚
- □ ちくわ … 4本

週2回に分けて買い物！　→ いつも通りに保存。

月、火、水曜日に使うもの

【肉・魚介】
- □ 牛薄切り肉 … 150g
- □ 豚ひき肉 … 250g
- □ 鶏もも肉 … 小1枚（250g）
- □ 無頭えび（殻付き）… 12尾（250g）

【野菜・きのこ】
- □ しょうが … 1かけ
- □ 玉ねぎ … 1個
- □ 長ねぎ … 1本
- □ にんじん … 小1本
- □ にんにく … 3かけ
- □ 白菜 … ¼カット1個（500g）
- □ パセリ … 1本
- □ 水菜 … 小1袋（4株120g）
- □ しいたけ … 4個

【その他】
- □ 卵 … 2個
- □ ピザ用チーズ … 50g
- □ 絹豆腐 … 1丁（300g）
- □ コーン缶 … 100g
- □ ちくわ … 4本

木、金曜日に使うもの

【肉】
- □ 合いびき肉 … 200g
- □ 豚ロース薄切り肉 … 150g

【野菜・きのこ】
- □ じゃがいも … 2個
- □ 玉ねぎ … 2個
- □ にんにく … 1かけ
- □ パセリ … 1本
- □ ピーマン … 4個
- □ レタス … 1個
- □ しめじ … 1袋
- □ まいたけ … 大1パック

【その他】
- □ 卵 … 小1個
- □ 牛乳 … 250㎖
- □ ピザ用チーズ … 30g
- □ コーン缶 … 大さじ2
- □ ハーフベーコン（薄切り）… 5枚

※黄色マーカーの食材は月曜にまとめて買ってもOK。

まとめ買いしたときの保存方法

肉 *meat*

合いびき肉

ラップでぴったりと包んでから保存袋へ入れる。空気を抜いて口を閉じ、冷凍保存する。使う日の朝に冷蔵室かチルド室に移して解凍してから使う。

豚ひき肉

ラップでぴったり包み、できるだけ空気を抜いてから保存袋に入れ、さらに空気を抜いて閉じ、冷凍する。使う日の朝に冷蔵室かチルド室に移して解凍する。

豚ロース薄切り肉

少しずらして重ね、ラップでぴったりと包む。保存袋に入れて空気を抜き、冷凍室で保存。ほかの肉と同様に、使う日の朝に冷蔵室かチルド室に移して解凍する。

肉 *meat*

鶏もも肉

ラップでぴったりと包み、保存袋に入れて空気を抜く。冷凍保存して、ほかの肉と同様に使う日の朝に冷蔵室かチルド室に移して解凍し、使用する。

魚介 *seafood*

無頭えび（殻付き）

ペーパータオルで水気を拭き、ラップに並べて包み、保存袋に入れて冷凍。使う日の朝に冷蔵室かチルド室に移して解凍。水が出るので半解凍で使うとよい。

野菜 *vegetables*

パセリ

濡らして軽く絞ったペーパータオルで切り口を中心に包み、保存袋に入れて野菜室で保存。余ったらみじん切りにしてペーパータオルにのせて冷凍しても。

レタス

1個丸ごとを保存袋に入れて野菜室で保存する。使うときは包丁で切らず、外側から葉を剥がして使えば鮮度が長持ちして、4～5日は保存可能。

きのこ *mushroom*

しめじ

丸ごとのままペーパータオルに包み、保存袋に入れて野菜室へ。小房に分けて保存袋に広げて入れ、冷凍保存しても。その場合は凍ったまま加熱して使用する。

きのこ *mushroom*

まいたけ

しめじと同様にペーパータオルで包んで保存袋に入れ、野菜室で保存。小房に分けて保存袋に広げて入れ、冷凍保存も可。その場合は凍ったまま加熱して使用する。

その他 *others*

絹豆腐

火曜日に使用する際に、残りの1/3丁を保存容器に入れ、かぶるくらいの水を入れ蓋をして冷蔵する。数日保存する場合は1日に一度、水を替えるとよい。

コーン缶

その週に使いきる場合は冷蔵保存でOK。缶汁を切り、小さめの保存容器に入れて蓋をして冷蔵室に入れる。余った場合は保存袋に広げて入れ、冷凍保存も可能。

5週目

月曜日

「牛肉と白菜のすき煮」
の献立

Fifth week

牛肉と白菜のすき煮

材料 ┊ 2人分

白菜 … ¼ カット 3 〜 4枚（250g）
長ねぎ … ½ 本
牛薄切り肉 … 150g
A ┊ 水 … 150㎖
　　 醤油 … 大さじ2
　　 みりん … 大さじ2
　　 砂糖 … 大さじ1
　　 酒 … 大さじ1
　　 和風だし（顆粒）… 小さじ½
油 … 少々
塩 … ひとつまみ
酒 … 大さじ1

作り方

1　白菜はざく切り、ねぎは斜め薄切り、牛肉は一口大に切る。Aは混ぜ合わせておく。

2　フライパンに油を熱し、牛肉を入れ、塩を振って炒める。肉の色が変わり始めたら酒を加えて混ぜ、白菜とねぎを加えて1〜2分炒める。

3　Aを加えて混ぜ、蓋をして弱火で10分煮る。

4　蓋を開け、1〜2分煮詰める。

水菜のおかかマヨサラダ

材料 ┊ 2人分

水菜 … 2株（60g）
A ┊ 鰹節 … 1パック（2g）
　　 マヨネーズ … 大さじ2
　　 砂糖 … 小さじ½
　　 醤油 … 小さじ½

作り方

1　水菜は3㎝長さに切る。

2　ボウルにAを入れて混ぜ、水菜を加えて和える。

memo ─────────────・

鰹節は少量を取り分け、仕上げにのせても。

とうもろこしの
チーズ焼き

材料 | 2人分

コーン缶 … 大さじ5（50g）
ピザ用チーズ … 50g

作り方

1　コーン缶はざるにあけて缶汁をしっかり切る。

2　小さめのフライパンにチーズを広げ、その上にコーンを全体に散らす。火にかけ、チーズが溶けて軽く焼き色がついたら上下を返す。

3　両面に焼き色がついたら取り出し、食べやすく切る。

memo
大きく1枚に焼くのではなく、小さめのお好みサイズに焼いてもOKです。

にんじんと
ちくわの味噌汁

材料 | 2人分

にんじん … 小½本（50g）
玉ねぎ … ¼個（50g）
ちくわ … 1本
水 … 400㎖
和風だし（顆粒）… 小さじ½
味噌 … 大さじ1と½

作り方

1　にんじんは半月切り、玉ねぎは薄切り、ちくわは斜め薄切りにする。

2　鍋に水を入れて沸かし、にんじん、玉ねぎ、ちくわを入れ、蓋をして弱火でにんじんが柔らかくなるまで煮る。

3　和風だしを加え、火を止めて味噌を溶き入れる。

5週目

火曜日

「具だくさん塩ちゃんこ鍋」
の献立

（火曜日）のレシピ

具だくさん
塩ちゃんこ鍋

肉団子は水曜日の「しいたけの肉詰め焼き」の
肉ダネの作り置き分を含む

材料 | 2人分

絹豆腐 … ⅔丁（200g）
ちくわ … 2本
長ねぎ … ½本
白菜 … ¼カット2～3枚（150g）
にんじん … 小½本
水菜 … 2株（60g）
鶏もも肉 … 小1枚（250g）
A｜水 … 550mℓ
　｜酒 … 大さじ3
　｜みりん … 大さじ2
　｜醤油 … 小さじ2
　｜鶏ガラスープの素（顆粒）… 小さじ2
　｜にんにく（チューブまたはすりおろし）… 小さじ1
　｜しょうが（チューブまたはすりおろし）… 小さじ1
　｜塩 … 小さじ⅔
肉団子（レシピは下記参照）… 8個程度

作り方

1　豆腐は一口大、ちくわ、長ねぎは
斜め切り、白菜はざく切り、にん
じんは薄い輪切り、水菜は3cm長
さに切る。鶏肉は一口大に切る。

2　鍋にAを入れて混ぜ合わせ、火に
かける。

3　ひと煮立ちしたら鶏肉、肉団子、
ちくわを加えて2～3分煮る。野菜、
豆腐を加え、蓋をして5～6分煮
る。

肉団子

材料 | 2人分+作り置き分

玉ねぎ … ½個（100g）
豚ひき肉 … 250g
塩 … 小さじ⅓
こしょう … 少々
片栗粉 … 大さじ1と½
ごま油 … 小さじ1
酒 … 小さじ2

作り方

1　玉ねぎはみじん切りにする。

2　ボウルにすべての材料を入れ、粘りが出る
までしっかり混ぜ合わせる。½量（150g）
を取り分け、残りは直径2～3cmに丸める。

※取り分けた分はラップで包み、保存袋へ入れて
　冷凍保存しておく。

雑炊

材料 | 2人分

ご飯 … 1～2膳分
塩 … 少々～
醤油 … 小さじ1～
卵 … 2個
小ねぎ（小口切り）、刻み海苔、
　　ごま油 … 各適宜

作り方

1 鍋に残った煮汁にご飯を加えて4～5分煮る。塩、醤油を加え、味を調える。

2 卵を溶きほぐして加え、蓋をして弱火で約1分煮る。

3 火を止めて器に盛り、好みでねぎや海苔、ごま油を回しかける。

memo ─────────────

ご飯が炊き立ての場合は熱を取って加えてください。

おまけレシピ

味噌ラーメン

材料 | 2人分

A | 味噌 … 大さじ2～
　 鶏ガラスープの素（顆粒）
　　　 … 小さじ1
　 塩 … ひとつまみ
　 こしょう … 少々
中華蒸し麺 … 2玉
ごま油 … 少々
小ねぎ（小口切り）、半熟卵、
　　焼き海苔 … 各適宜

作り方

1 鍋に残った煮汁にAを加えて混ぜ、味を調える。

2 中華麺を加えて1～2分煮る。

3 ごま油を回しかけて器に盛り、好みでねぎ、卵、海苔などをのせる。

memo ─────────────

締めのレシピはお好みでこの味噌ラーメンにしても。煮汁が少ない場合は湯か水を足して調整してください。1で少し濃いめに調整しておくと、ちょうど良いラーメンのスープになります。

5週目

水曜日

「ガーリックシュリンプ」
の献立

（水曜日）のレシピ

ガーリックシュリンプ

材料 | 2人分

A
玉ねぎ … ¼個（50g）
にんにく … 2かけ
オリーブオイル … 大さじ2
レモン汁 … 大さじ1
塩 … 小さじ½

無頭えび（殻付き）… 12尾（250g）

B
片栗粉 … 大さじ1
塩 … 少々

C
バター … 20g
醤油 … 小さじ1
こしょう … 少々

パセリ（みじん切り）… 1本

memo —————————————•

むきえびや冷凍えびを使用して手軽に作っても。火を入れると縮みやすいので、大きめのものを選ぶと○。

作り方

1 Aの玉ねぎ、にんにくはみじん切りにする。えびは殻をむき、背に切り込みを入れて背わたを除き、尾先は半分切り落とす。ボウルにえび、Bを入れて揉み込み、流水で洗って水気をよく切る。

2 ポリ袋にAを入れて混ぜ、えびを加えて袋の上から軽く揉んでなじませ、冷蔵庫で30分以上おく。

3 フライパンに2を漬け汁ごと入れ、火にかける。焼き色がついたら上下を返し、火が通ったらCを加えて混ぜ合わせる。皿に盛り、パセリを振る。

白菜と豆腐のスープ

材料 | 2人分

白菜 … 100g
絹豆腐 … ⅓丁（100g）
水 … 400㎖

A
鶏ガラスープの素（顆粒）
… 小さじ2
醤油 … 小さじ1
塩、こしょう … 各少々

作り方

1 白菜は細切り、豆腐は一口大に切る。

2 鍋に水を入れて火にかけ、沸いたら白菜、豆腐を加えて白菜がしんなりするまで煮る。

3 Aを加えて混ぜ、ひと煮立ちしたら火を止める。

しいたけの肉詰め焼き

肉ダネは火曜日（P.122）の作り置きを使用

材料 | 2人分

しいたけ … 4個
肉ダネ（火曜日の作り置き・P.122）
　　… 150g
A│醤油 … 大さじ1
　│みりん … 大さじ1
　│酒 … 大さじ1
　│砂糖 … 小さじ1
薄力粉 … 少々
油 … 少々

※作り置きの肉ダネは冷蔵室かチルド室で解凍しておく。

作り方

1　しいたけは笠と軸に分ける。軸はみじん切りにして肉ダネに加えて混ぜ合わせる。Aは混ぜ合わせておく。

2　しいたけの笠の内側に薄力粉を薄く振り、1の肉ダネを等分に分けて詰める。

3　フライパンに油を熱し、しいたけの肉ダネの面を下にして並べて焼く。焼き色がついたら裏返し、蓋をして弱火で5〜6分蒸し焼きにする。

4　Aを回し入れ、上下を返しながらたれを絡める。水分が減って照りが出てきたら火を止める。

ちくわとコーンのフリット

材料 | 2人分

ちくわ … 1本
コーン缶 … 大さじ5（50g）
A│水 … 大さじ3
　│薄力粉 … 大さじ2
　│片栗粉 … 大さじ1
薄力粉 … 大さじ1
揚げ油 … 適量
塩 … 適量

作り方

1　ちくわは5mm厚さの輪切りにする。コーン缶は缶汁をよく切る。Aは混ぜ合わせておく。

2　ボウルにちくわ、コーンを入れて薄力粉をまぶす。Aを加えてさっくり混ぜる。

3　鍋に油を1〜2cm高さに入れて熱し、大きめのスプーンで2をすくってそっと入れて丸く形作る（直径4〜5cmが目安）。残りも同様にすくって入れる。

4　底面が固まったら裏返して焼き、火が通ったら取り出して油を切る。器に盛り、塩を振る。

5週目
木曜日
チンジャオロースー
「青椒肉絲」
の献立

青椒肉絲
（チンジャオロースー）

材料 | 2人分

ピーマン … 3個
玉ねぎ … ½個（100g）
豚ロース薄切り肉 … 150g
A｜酒 … 小さじ2
　｜醤油 … 小さじ1
　｜こしょう … 少々
片栗粉 … 小さじ2
油 … 小さじ1
B｜酒 … 大さじ1
　｜オイスターソース … 小さじ2
　｜砂糖 … 小さじ1と½
　｜醤油 … 小さじ1
　｜鶏ガラスープの素（顆粒）… 小さじ1
　｜にんにく（チューブまたはすりおろし）
　｜　… 小さじ½

作り方

1　ピーマンは細切り、玉ねぎはくし形切りにする。豚肉は細切りにする。

2　ボウルに豚肉、Aを入れて混ぜ、片栗粉を薄くまぶす。

3　フライパンに油を熱し、2を入れて炒める。肉の色が変わってきたらピーマン、玉ねぎを加えてしんなりするまで炒める。

4　Bを加えて混ぜ、水分をとばしながら炒める。全体に馴染んだら火を止める。

memo ———————————

肉は牛肉に替えて同様に作ってもOKです。

レタスのごま和え

材料 | 2人分

レタス … 6〜7枚（200g）
A｜白すりごま … 大さじ2
　｜醤油 … 小さじ2
　｜砂糖 … 小さじ1
　｜ごま油 … 小さじ1

作り方

1　レタスは一口大にちぎって耐熱容器に入れる。ふんわりとラップをかけ、電子レンジで2分加熱する。水気をよく切る。

2　ボウルにAを混ぜ合わせ、レタスを加えて和える。

memo ———————————

レタスは加熱するとカサが減るので大量消費したいときに。
水分が出やすいので食べる直前に和えるのがおすすめです。

きのこのかき揚げ

まいたけ … 大⅓パック
しめじ … ¼袋
玉ねぎ … ½個（100g）
A │ 薄力粉 … 大さじ4
　│ 片栗粉 … 大さじ2弱
水 … 80㎖
油 … 適量
塩 … 少々

memo ──────────•

揚げ油に入れたら素早く形作り、
その後は触らずに焼き固めると
バラバラになるのを防げます。

作り方

1　まいたけは食べやすい大きさに手でさく、しめじ
　　は小房に分ける。玉ねぎはくし形切りにする。

2　ボウルにAを混ぜ合わせ、水をゆっくり加えなが
　　ら全体が均一になるまでよく混ぜる。1を加えて
　　絡める。

3　フライパン（または鍋）に2㎝高さに油を入れて熱
　　し、2をスプーンなどですくってそっと入れ、直
　　径7〜8㎝に丸く形作る。底面が固まったら裏返し、
　　もう片面も揚げ焼きにする。

4　取り出して油を切り、器に盛って塩を添える。

Fifth week

じゃがバター味噌汁

材料 ┊ 2人分

じゃがいも … 1個
玉ねぎ … ¼個（50g）
しめじ … ¼袋
コーン缶 … 大さじ2
水 … 400㎖
和風だし（顆粒）… 小さじ½
バター … 10g
味噌 … 大さじ1と½〜

作り方

1　じゃがいもは乱切り、玉ねぎはくし形切りに
　　する。しめじは小房に分ける。コーン缶は缶
　　汁を切る。

2　鍋に水、じゃがいも、玉ねぎを入れ、蓋をし
　　てじゃがいもが柔らかくなるまで煮る。しめ
　　じ、和風だしを加えてひと煮立ちさせる。

3　コーン、バターを加えてひと混ぜし、火を止
　　めて味噌を溶き入れる。

「ミートボールグラタン」
の献立

（金曜日）のレシピ

ミートボールグラタン

材料 | 2人分

じゃがいも … 1個
しめじ … ½袋
A｜合いびき肉 … 200g
　｜玉ねぎ … ¼個（50g）
　｜卵 … 小1個
　｜塩 … ふたつまみ
　｜こしょう … 少々
油 … 少々
バター … 10g
薄力粉 … 小さじ4
B｜牛乳 … 250㎖
　｜コンソメ（顆粒）… 小さじ1
　｜醤油 … 小さじ½
　｜塩 … ひとつまみ
　｜こしょう … 少々
ピザ用チーズ … 30g
パセリ（みじん切り）… 適宜

作り方

1　じゃがいもは一口大に切る。しめじは小房に分ける。Aの玉ねぎはみじん切りにする。

2　じゃがいもは耐熱容器に入れてふんわりとラップをかけ、電子レンジで4分加熱する。

3　ボウルにAの材料を入れて粘りが出るまでよく混ぜ合わせ、直径2〜3cmに丸める。

4　フライパンに油を熱し、3を入れる。底面に焼き色がついたら、ときどき転がしながら焼く。全体に焼き色がついたら弱火にして蓋をし、5分蒸し焼きにする。火が通ったら取り出す。

5　フライパンをきれいにし、油少々（分量外）を熱してしめじを炒める。しんなりしたら弱火にしてバターを加えて溶かし、薄力粉をふるい入れて混ぜる。粉が全体に馴染んだらBを順に加え、中火にして混ぜながら煮る。とろみがついたら火を止める。

6　耐熱皿に2、4を盛り、5を全体にかける。ピザ用チーズをのせてトースターで3〜4分、軽く焦げ目がつくまで焼き、好みでパセリを振る。

洋風ごま混ぜご飯

材料 | 2人分

米 … 2合
塩 … 小さじ½
オリーブオイル … 大さじ1
白いりごま … 大さじ2
パセリ（みじん切り）… 小さじ2

作り方

1　米は洗って炊飯釜に入れ、通常通りの水加減にする。塩、オリーブオイルを加えて混ぜ、通常通り炊飯する。

2　炊き上がったら、ごま、パセリを加えてさっくり混ぜる。

まいたけと
ベーコンのサラダ

材料 | 2人分

まいたけ … 大²/₃パック
玉ねぎ … ¼個（50g）
ハーフベーコン（薄切り）… 5枚
オリーブオイル … 大さじ1
A | にんにく（チューブまたはすりおろし）
　　… 小さじ½
　 | 醤油 … 小さじ½
　 | コンソメ（顆粒）… 小さじ½
　 | 塩、こしょう … 各少々
レタス … 3～4枚（100g）

作り方

1　まいたけは手でさく。玉ねぎは薄切りにし、水にさらして水気をよく切る。ベーコンは短冊切りにする。

2　フライパンにオリーブオイルを熱し、ベーコンを炒める。焼き色がついたらまいたけを加えて炒める。

3　Aを加えて混ぜ、全体に馴染んだら火を止める。

4　器にレタスを敷いて玉ねぎを広げ、3をのせる。

ピーマンの
カレーコンソメスープ

材料 | 2人分

ピーマン … 1個
玉ねぎ … ¼個（50g）
水 … 400㎖
コンソメ（顆粒）… 小さじ2
A | カレー粉 … 小さじ1
　 | 醤油 … 小さじ½
　 | 砂糖 … 小さじ½
　 | 塩、こしょう … 各少々
オリーブオイル … 少々

作り方

1　ピーマンは輪切り、玉ねぎは薄切りにする。

2　鍋に水を入れて火にかけ、沸いたらピーマン、玉ねぎ、コンソメを入れ、蓋をして2～3分煮る。

3　Aを加えて混ぜ、火を止めてオリーブオイルを回しかける。

＼ ボリュームたっぷり！ ／

ご飯レシピ

きのこと豚肉の炊き込みご飯

材料 ┃ 作りやすい分量

まいたけ … ½パック
しめじ … ⅓袋
小ねぎ … 適量
豚バラ薄切り肉 … 100g
A ┃ 酒 … 大さじ1
　　　醤油 … 小さじ2
米 … 2合
B ┃ 醤油 … 大さじ1と½
　　　みりん … 大さじ2
　　　酒 … 大さじ1
　　　和風だし（顆粒）… 小さじ1
　　　ごま油 … 小さじ1

作り方

1　まいたけは手でさく。しめじは小房に分ける。ねぎは小口切りにする。豚肉は1～2cm幅に切り、ボウルに入れて **A** を揉み込む。

2　米は洗って炊飯釜に入れ、通常通りの水加減にする。**B** を加えて混ぜる。

3　豚肉、まいたけ、しめじを米の上に広げ、通常通り炊飯する。

4　炊き上がったら全体をさっくりと混ぜ、器に盛ってねぎを散らす。

memo ───────────

このレシピも、P.137の「鶏しそごぼう混ぜご飯」も、余った分は小分けにしてラップに包み、保存袋に入れて、冷凍で2～3週間保存できます。

いつものご飯を炊き込みご飯やチャーハンに変えると一気に満足度アップ。
少し余裕のある日やしっかりめに食べたいときにぜひお試しください。

鶏しそごぼう混ぜご飯

材料 ┊ 作りやすい分量

ごぼう … ½本（70g）
大葉 … 4枚
鶏もも肉 … 150g
A ┃ 醤油 … 大さじ2
　 ┃ みりん … 大さじ2
　 ┃ 砂糖 … 大さじ1
　 ┃ 酒 … 大さじ1
　 ┃ 塩 … ひとつまみ
米 … 2合

作り方

1　ごぼうはささがきにして水にさらし、水気を
　　よく切る。大葉は粗みじん切りにする。鶏肉
　　は1.5cm角に切る。

2　鍋にAを入れて混ぜ、ごぼうを加えて火にか
　　ける。ひと煮立ちしたら鶏肉を加えて混ぜな
　　がら約3分煮る。火を止め、約15分おいて
　　粗熱を取り、具材と煮汁に分けておく。

3　米を通常通り炊飯し、炊き上がったら全体を
　　さっくりと混ぜ、2の具材と煮汁大さじ2〜
　　3を加えて混ぜる。味を見て足りなければ煮
　　汁を足し、大葉を加えて混ぜる。

memo ―――――――――――――・

ご飯が煮汁を吸うので、少し硬めに炊いておくのが
おすすめ。残ったらおにぎりにして冷凍しても。

鮭ときゅうりの
ちらし寿司風混ぜご飯

材料 | 2人分

きゅうり … ½本
塩 … ひとつまみ
油 … 適量
鮭 (塩鮭甘口) … 2切れ
卵 … 2個
A | 酢 … 大さじ1と½
　　砂糖 … 大さじ1
　　塩 … 小さじ¼
温かいご飯 … 1合分
白いりごま … 少々

memo ————————·

鮭フレークを使って簡単に作っても
OK。きゅうりは水が出やすく作り置
きは不向きなため、食べ切る分だけ作
ってください。

作り方

1　きゅうりは薄い輪切りにして塩を揉み込
　み、10分おいて水気をしっかり絞る。

2　フライパンに油少々を熱し、鮭を焼く。
　焼き色がついたら裏返し、火が通ったら
　取り出して粗熱を取り、骨と皮を除いて
　身をほぐす。

3　卵は溶きほぐし、フライパンに油少々を
　熱して薄く広げて2～3枚焼く。粗熱を
　取って千切りにし、錦糸卵にする。

4　Aを混ぜ、ご飯に加えて熱を取りながら
　さっくり混ぜる。きゅうり、鮭、ごまも
　加えて和える。

5　器に盛り、錦糸卵をのせる。

明太チーズリゾット

材料	2人分

明太子 … 1腹
玉ねぎ … ½個（100g）
大葉 … 2枚
バター … 10g
A｜水 … 300㎖
　｜コンソメ（顆粒）… 小さじ2
ご飯 … 2膳分
牛乳 … 200㎖
粉チーズ … 大さじ1
粗びき黒こしょう … 少々
刻み海苔 … 適量

作り方

1　明太子は薄皮を除いてほぐす。玉ねぎはみじん切り、大葉は千切りにする。

2　フライパンにバターを溶かし、玉ねぎを炒める。しんなりしたらAを加えて混ぜ、ご飯を加えてほぐす。

3　ひと煮立ちしたら牛乳を加えて混ぜ、弱火にしてフツフツと軽く煮立たせた状態で2〜3分煮る。明太子（トッピングに少量を取り分ける）、粉チーズを加えて混ぜ、火を止める。

4　器に盛ってこしょうを振り、トッピング用の明太子、大葉、海苔をのせる。

memo ————————————

ご飯は温かいものより冷やご飯を使ったほうがベチャッとせず美味しくできます。

ツナとコーンの
ガーリックチャーハン

材料 ｜ 2人分

ツナ缶（油漬け）… 1缶
コーン缶 … 大さじ4
長ねぎ … ⅓本
にんにく … 1かけ
卵 … 2個
油 … 大さじ2
ご飯 … 2膳分
A｜醤油 … 小さじ2
　｜鶏ガラスープの素（顆粒）
　｜　… 小さじ2
　｜塩、こしょう … 各少々

memo ——————————•

ご飯は炊き立てより蒸気を取ったもの
を使うのがおすすめ。

作り方

1　ツナ缶は油を切る。コーン缶は缶汁を切る。ねぎはみじん切り、にんにくは薄切りにする。卵は溶きほぐす。

2　フライパンに油、にんにくを入れて弱火にかけ、にんにくがきつね色になったら取り出す。中火にし、卵を流し入れて2〜3回大きく混ぜ、ご飯を加えて切るように手早く混ぜ合わせる。

3　ご飯がほぐれたらツナ、コーン、ねぎを加えて混ぜる。Aを加えて混ぜ合わせ、均一になったら火を止めて器に盛る。仕上げに2のにんにくを散らす。

韓国風卵かけご飯

材料 | 2人分

A | コチュジャン … 大さじ1
  | 醤油 … 小さじ2
  | ごま油 … 小さじ1
  | にんにく（チューブまたは
  | すりおろし） … 小さじ½
温かいご飯 … 2膳分
卵 … 2個
B | あおさ … 適量
  | 小ねぎ（小口切り） … 適量
  | 白いりごま … 適量
  | 糸唐辛子 … 適宜

作り方

1　A は混ぜ合わせておく。

2　器にご飯を盛り、卵を割ってのせる。Aのたれをかけ、B を好みの量のせる。

memo

あおさは乾燥のままのせて食感のアクセントに。硬さが気になる場合は水で戻してからのせてください。あおさの代わりに韓国のりを使うのもおすすめ。

食材別INDEX

アスパラベーコンの卵白炒め

材料｜2人分

アスパラガス … 3～4本
ハーフベーコン（薄切り）
　… 2枚（30g）
油 … 少々
A　水 … 100mℓ
　　酒 … 大さじ1
　　鶏ガラスープの素（顆粒）
　　　… 小さじ½
　　塩、こしょう … 各少々
片栗粉 … 小さじ1と½
卵白 … 2個分

作り方

1　アスパラガスは下⅓程度の皮をピーラーでむき、3～4cm幅の斜め切りにする。ベーコンは短冊切りにする。

2　フライパンに油を熱し、ベーコンを炒める。ベーコンから油が出てきたらアスパラガスも加えて2～3分炒める。

3　Aを加えて混ぜ合わせ、ひと煮立ちさせる。同量の水（分量外）で溶いた水溶き片栗粉を加えて混ぜ、とろみをつける。

4　卵白を少しずつ加えて大きく混ぜ、固まったら火を止める。

晩ごはん食堂　もっとラクうま！
週末まとめ買いから平日5日間のラクチン献立

2023年11月10日　初版発行

著　者　晩ごはん食堂

発行者　横内正昭
編集人　青柳有紀
発行所　株式会社ワニブックス
　　　　〒150-8482
　　　　東京都渋谷区恵比寿4-4-9　えびす大黒ビル
　　　　ワニブックスHP　http://www.wani.co.jp/

　　　　お問い合わせはメールで受け付けております。
　　　　HPより「お問い合わせ」へお進みください。
　　　　※内容によりましてはお答えできない場合がございます。

印刷所　大日本印刷株式会社
DTP　　株式会社三協美術
製本所　ナショナル製本

STAFF

撮影 ● 三村健二
フードスタイリング ● 野中恵梨子
調理 ● 井上裕美子（エーツー）
調理アシスタント ● 石川みのり（エーツー）
デザイン ● 狩野聡子（tri）
ライター ● 結城 歩
校正 ● 東京出版サービスセンター
撮影協力 ● UTUWA
編集 ● 森 摩耶（ワニブックス）